Recueil de témoignages

J'ai choisi l'islam

Wellcom Muslims présente

J'ai choisi l'islam

Recueil de témoignage

Édition : BoD · Books on Demand, 31 avenue Saint-Rémy,
57600 Forbach, bod@bod.fr
Impression : Libri Plureos GmbH, Friedensallee 273,
22763 Hamburg (Allemagne)

Illustration : WELLCOM MUSLIMS

Photo de couverture : pexels

ISBN : 978-2-3225-1874-6
Dépôt légal : janvier 2024
2ème édition

AVANT PROPOS

Au nom d'Allah, le Tout Miséricordieux, le Très Miséricordieux,

Louange à Allah, Seigneur de l'Univers, le Tout Miséricordieux, le Très Miséricordieux, Maître du Jour de la Rétribution. Que la paix et les bénédictions d'Allah soient sur Son messager, Muhammad ﷺ, ainsi que sur sa famille, ses compagnons et tous ceux qui suivent son chemin jusqu'au Jour du Jugement dernier.

Il est avec une humble gratitude envers Allah que je présente ce livre, l'origine de cette idée réside dans le désir de découvrir les histoires de mes frères et sœurs musulmans et d'atteindre un large public afin d'émouvoir les cœurs. Moi-même n'étant pas née musulmane, je suis passée par ces moments d'inquiétude, de questionnement et aujourd'hui dès que j'en ai l'occasion, j'essaye d'aider les personnes qui découvrent cette religion.

J'ai donc pensé que cet ouvrage permettrait de partager les expériences bien qu'elles soient différentes et qu'il n'y ait pas de « modèle » à suivre.

Tout comme le prophète ﷺ avant nous, il s'agit d'une sorte de révélation, le plus beau cadeau qui puisse exister ici-bas : avoir la foi qui guide nos vies dans ce monde complexe et changeant. À travers ces pages, vous découvrirez différents chemins, extraordinaires, douloureux, joyeux, simples ou compliqués, qui nous prouvent qu'Allah décide qui Il veut guider et quand Il veut !

Je tiens à exprimer ma sincère reconnaissance envers ceux qui m'ont soutenue, et bien sûr, à tous ceux qui m'ont confié leur récit. Que leur témoignage puisse être une source d'inspiration pour tous.

J'implore Allah pour que ce livre soit bénéfique pour le lecteur. Qu'Allah nous guide tous vers le droit chemin.

Que la paix, la miséricorde et les bénédictions d'Allah soient avec vous tous.

GLOSSAIRE

Afin de faciliter votre compréhension pendant la lecture, voici un glossaire regroupant tous les termes marqués d'un astérisque dans ce livre. Les définitions sont succinctes, vous pouvez évidemment compléter par des recherches plus approfondies.

🕌 Sallalahou 'alayhi wa-salam :
Vous trouverez ce symbole tout au long du livre, il s'agit d'une formule d'eulogie en islam, une phrase que les musulmans prononcent ou écrivent après le nom du prophète Muhammad

Adhan :
C'est l'appel à la prière

Al hamdoulillah :
Signifie « Dieu soit Loué », « Louange à Allah »

Allahou akbar :
Signifie « Dieu est plus grand »

Allahou a'lam :
Signifie « Allah sait mieux »

Anachid ou nasheed :
C'est un chant religieux islamique

Bismillahi ar-Rahmani ar-Rahim :
Signifie « au nom d'Allah, le Tout Miséricordieux, le Très Miséricordieux ».
Formule utilisée par les musulmans avant de commencer toute chose, pour invoquer la bénédiction et la protection d'Allah

Chaaban ou cha'ban :
Huitième mois du calendrier musulman (hégirien), le mois qui précède le mois de Ramadan.

Chahada :
C'est la profession de foi de l'islam, premier des cinq piliers qui définissent les fondements de la croyance musulmane. Sa prononciation en phonétique est « Ach-hadou An-Laa Ilaha Illa-Allah wa Ach-hadou Anna Mouhammadan Rasoul-Allah »

Cinq piliers de l'islam :
La profession de foi, la prière, l'aumône, le jeûne du mois de ramadan, le pélerinage

Djinn :
Ou jnoun au pluriel. Ce sont des êtres créés de feu, les humains ne peuvent pas les voir sous leur véritable apparence. Il y a parmi eux des musulmans et des non musulmans et des mâles et des femelles

Doua :
Parfois orthographié dou'a, C'est une invocation dans l'islam

Fillah :
Signifie « pour Allah »

Fitrah ou fitra :
Terme arabe qui fait référence à la nature de l'Homme : l'être humain est attiré par Dieu de façon naturelle, inévitable

Ghousl :
Les grandes ablutions, un rituel de purification complet du corps, requis après certaines actions comme la conversion à l'islam

Hadith :
Recueil des actes et paroles de Muhammad🕊

Hajj :
C'est le pélerinage à la Mecque, 5ème pilier de l'islam

Halal :
Signifie « licite » en arabe. (contraire de haram). Ce mot est employé aussi bien pour parler de nourriture que des règles de vie en général

Hijab :
De la racine arabe « Hajaba », qui signifie dissimuler ou couvrir. C'est le fait de couvrir tout le corps à l'exception du visage et des mains pour les femmes musulmanes qui ont atteint la puberté

In cha Allah :
Signifie « si Allah le veut »

Joumoua :
Voir « salat al joumou'a »

Kabyle :
Qui est originaire de Kabylie, partie de l'Atlas algérien

La hawla la qouwwata illa billah :
Signifie que nous ne pouvons rien faire sans la volonté d'Allah et Son assistance. Il se traduit en français par : « il n'y a de force ni de puissance qu'en Allah »

Laylatoul qadr :
La nuit du destin qui est meilleure que « mille mois ». Elle est activement recherchée dans un jour impair des dix dernières nuits du Ramadan

Maghreb :
Ou « salat maghreb », prière entre le coucher du soleil et la tombée de la nuit, heure de la rupture du jeûne.

Minaret :
Tour d'une mosquée du haut de laquelle le muezzin invite les fidèles musulmans à la prière

Mouslim :
Signifie Musulman

Mosquée Al Aqsa :
Située à Jérusalem, c'est le 3ème lieu saint pour les musulmans

Muslim et Bukhari :
Sont des célèbres rapporteurs de hadiths

Omra :
C'est « le petit » pélerinage religieux à la Mecque, en Arabie Saoudite, pratiqué par les musulmans

Qibla :
Direction de La Mecque, vers laquelle les musulmans se tournent pour prier

Qoudsi :
(hadith qoudsi) Paroles d'Allah transmises par Muhammad🕊

Qur'an :
Mot en phonétique, signifie Coran

Ramadan :
C'est le 9ème mois du calendrier islamique (hégirien). Le jeûne de ce mois est le 4ème pilier de l'islam

Saladin ou Salaheddine al Ayoubi :
Grand dirigeant musulman, qui a notamment reconquis Jérusalem pour ensuite la répartir en trois zones, pour que les Musulmans, les Juifs et les Chrétiens puissent cohabiter en toute harmoni

Salah ou salat :
Signifie « se connecter », « lier » ou « communiquer ». Il signifie littéralement une connexion ou un lien avec Allah à travers l'acte de prière rituelle. C'est le 2ème pilier de l'islam

Salat al-joumou'a :
La prière du vendredi vient du terme jama'a qui signifie rassembler, réunir. C'est une prière qui réunit une fois par semaine les musulmans à la mosquée

Shemagh :
Appelé keffieh ou ghutra, c'est une coiffe portée par un grand nombre de musulmans dans les pays du Moyen-Orient. Elle représente aujourd'hui l'emblème des Palestiniens et rappelle la révolte arabe qui a eu lieu à la veille de la Seconde Guerre mondiale

Soeur fillah :
Signifie sœur pour Allah (peut être utilisé pour frère)

SoubhanAllah :
Signifie « Gloire à Allah », utilisé pour rendre louange à Allah

Souhour :
C'est le repas juste avant la prière de l'aube que les musulmans consomment avant de commencer leur jeûne

Soujoud :
La prosternation faite devant Allah en direction de la « qibla* » sur « sept de ses membres », à savoir : Le front et le nez ; Les deux paumes des deux mains ; Les deux genoux ; Et les orteils des deux pieds

Sunnah ou Sunna :
Ensemble des paroles du Prophète, de ses actions et de ses jugements, tels qu'ils sont fixés dans les hadiths et qui constituent pour tout musulman un modèle à suivre

Sunni :
Qui pratique la sunna

Takbir :
« Allahou Akbar », il s'agit d'une déclaration de foi en Allah et en sa grandeur qui signifie « Dieu est plus grand »

Tarawih :
Prières quotidiennes du soir, exécutées après celle de Isha, pendant le mois de jeûne du Ramadan

Turban :
Longue écharpe enroulée autour du crâne pour cacher les cheveux

Waswas :
Ce sont les insufflations sataniques, les suggestions du diable pour ne pas faire le bien, ou faire le mal

Zakat :
L'aumône légale, 3ème pilier de l'islam

RÉCIT N°1 : ANONYME

Voici mon histoire, celle d'une petite fille plutôt solitaire, qui a passé beaucoup de temps, seule, dans la nature et avec les animaux. Je ne voulais pas causer de soucis à qui que ce soit et j'évitais de faire des bêtises, comme si j'étais constamment observée. Je savais que je n'étais pas seule, et je demandais des choses, je discutais parfois avec Celui qui est au-dessus de tout. Éduquée sans religion, je ne savais pas qu'il y avait une façon d'adorer Dieu, une pratique précise et une tradition prophétique à appliquer afin d'entretenir sa foi.

En grandissant, je me sentais très différente des autres, parfois obligée de faire des choses stupides pour ne pas être considérée comme étrange, pour m'intégrer à des groupes de personnes, car l'être humain n'est pas fait pour vivre seul. Ennuyée par la vie de mes semblables : relations amoureuses futiles, cigarettes, alcool, drogues, soirées, boîtes de nuit, vulgarité, vantardises et compagnie, je n'étais pas aussi heureuse qu'il n'y paraissait.

Je commençais à m'intéresser aux personnes religieuses : les chrétiens étaient les plus nombreux autour de moi, mais rares étaient ceux qui étaient vraiment intéressés et impliqués dans leur religion. Puis, la trinité ne me semblait pas logique, cela manquait de sens. Je me renseignais sur l'hindouisme, le bouddhisme, le judaïsme, mais cela semblait réservé à une communauté et peu accessible. Pourquoi pas l'islam ? Par méfiance envers les médias et la « fachosphère », je savais qu'on ne donnait pas la bonne image des musulmans. J'aimais écouter l'album de Kery James intitulé « Savoir et vivre ensemble », qui prônait des valeurs qui me ressemblaient et qui étaient celles de l'islam ! J'eus également l'occasion de lire l'autobiographie de Mélanie Georgiades qui, elle aussi, se sentait très seule malgré son argent, son succès et la foule qui l'aimait.

Mon cheminement se précisait et un jour j'ai rencontré une personne musulmane admirable, avec laquelle j'avais la même vision des choses. Je m'intéressais de plus en plus au message prôné par l'islam, je décidai de lire des paroles de savants musulmans, puis des hadiths, puis des versets. Je fus très étonnée de la logique de cette religion, notamment du statut du mariage en islam. Je reconnus ma vision du couple dans les ordres d'Allah. Et puis finalement, si l'on observe la chronologie des révélations divines, la dernière version est bien celle révélée au prophète Muhammad ﷺ. Pourquoi les juifs et les chrétiens ne se convertissaient-ils pas ? Par suivisme et entêtement probablement... Mais la jeune femme que j'étais devenue n'était pas une suiveuse, plus je grandissais, moins j'avais envie de « faire comme les autres », je voulais choisir la vérité tout simplement, trouver la raison pour laquelle nous sommes créés.

Malheureusement, les insufflations sataniques, le waswas*, vinrent aussitôt : « C'est la religion des Arabes », « Imagine ce que penseront tes proches », «Vas-tu mettre un foulard sur ta tête? », « Il faudra changer TOUTE ton alimentation », « Jeûner un mois, c'est insurmontable ! » etc. Mais par la grandeur d'Allah, toute personne se dirigeant vers la vérité, vers Allah, son prophète ﷺ et l'islam, sera facilitée et verra bien plus qu'elle ne l'espérait. Le hadith* qoudsi* nous indique à quel point Allah est proche : « *Lorsque mon serviteur se rapproche de Moi d'un empan, Je Me rapproche de lui d'une coudée. Lorsqu'il se rapproche de Moi d'une coudée, Je Me rapproche de lui d'une envergure de bras. S'il vient à Moi en marchant, Je viens à lui avec empressement* ». (rapporté par Muslim et Bukhari*).

Je méditais de plus en plus. Le matin, le soir, durant les trajets quotidiens, j'observais le ciel, la mer, etc. je ne me sentais absolument pas seule, comme lorsque j'étais petite. Je me mis à m'adresser au Très Haut et la foi gagnait peu à peu mon cœur. Je savais depuis toujours qu'il n'y avait qu'Allah, mais il me manquait la deuxième partie de l'attestation et je voulais en comprendre le sens. Alors j'ai acheté la biographie du prophète Muhammad ﷺ.

J'ai découvert une personne incroyable avec un merveilleux comportement, une personne que j'aurais voulu rencontrer, et je me suis mise à l'aimer. Tout s'est enchaîné d'une manière remarquable ; j'ai rencontré les bonnes personnes au bon moment. Une femme, via les réseaux sociaux (qu'Allah la récompense), m'a proposé de me montrer où acheter une tenue de prière, de venir chez elle, puis d'aller à la prière du vendredi ensemble. Ce fut un moment où j'ai eu l'impression que le temps s'arrêtait. Je suis restée au fond de la salle de prière et je les ai observées prier. Leurs mouvements étaient synchronisés, empreints de calme, de soumission par amour pour Allah. J'avais l'impression d'être au meilleur endroit. Une autre sœur (qu'Allah la récompense également) faisait partie des activités de la grande mosquée de la ville et m'incita à venir pour prononcer la chahada* dans les jours à venir. Malgré mes appréhensions, comme par miracle, je me retrouvai bel et bien à la grande mosquée le soir du 27ème jour de Ramadan pour laylatul qadr* (Allahou a'lam*).

Ce fut un moment grandiose où de nombreuses personnes étaient présentes. Il y eut plusieurs attestations de foi ce soir-là. L'imam appelait les personnes par leur prénom et indiquait ce qu'il fallait répéter au micro. Quand vint mon tour, je prononçai ce qui me permettait d'être une nouvelle personne, épanouie, enfin à ma place.

Des dizaines de femmes m'enlacèrent chaleureusement, me souhaitant bonheur ici-bas et dans l'au-delà. S'ensuivirent de longues heures de prière. Allah est Grand ! Une petite fille née dans un village sans aucun musulman, loin de tout rappel islamique, avec des proches athées, a été propulsée dans cette magnifique mosquée durant le meilleur mois, durant les meilleures nuits et peut-être même la meilleure nuit, la nuit du destin, pour attester de la vérité révélée il y a plus de 1400 ans.

Depuis ce jour, je n'ai jamais cessé d'accomplir la salat*, la zakat*, le jeûne et fait de mon mieux pour satisfaire mon Créateur, convaincue que l'islam est le plus beau cadeau que j'aie jamais reçu.

« Quand mes serviteurs t'interrogent sur Moi : Je suis proche. Je réponds à l'appel de l'appelant quand il M'appelle. Donc, qu'ils Me répondent et qu'ils croient en Moi, afin qu'ils soient guidés. »

Coran, sourate 2 : verset 186

RÉCIT N° 2 : MANON

Je me suis convertie en 2020 pendant la pandémie de Covid. Je commence maintenant à porter le voile.

À l'époque, ce qui m'inquiétait était la question « et si je meurs maintenant ? » « Qu'aurais-je accompli dans ma vie en tant que croyante chrétienne ? » et pour moi, la réponse était : « Rien du tout ». En effet, la majorité des chrétiens ne vont plus à l'église, ne font pas le Carême, ne prient pas chez eux. Cela manque de pratique, d'adoration. J'ai donc voulu comparer toutes les religions point par point en me posant des questions existentielles, et pour moi, il n'y avait aucune réponse logique, seulement des contradictions. Alors, lorsque j'ai commencé à étudier l'Islam, j'ai enfin trouvé toutes les réponses à mes questions. Tout était clair, logique et étayé par des preuves, des signes, des sources.

Ensuite, le Covid est arrivé, et pour moi, cela a été un déclic ! Les contaminations et le nombre de morts ne faisaient que croître. En tant que chrétienne, cela me faisait penser aux signes de la fin des temps.

Il était temps, et puisqu'il y avait trop de contradictions dans la religion que je pratiquais et que j'avais récemment trouvé les réponses dans l'Islam, j'ai décidé de prononcer la chahada* toute seule, spontanément. J'ai pleuré de soulagement, j'avais enfin trouvé la vraie religion de Dieu, je me sentais légère, comme une renaissance !

Et maintenant, Al hamdoulillah*, ma vie a vraiment un sens. J'apprends chaque jour dans ma religion, en tant que musulmane.

Beaucoup trop de gens ont peur de l'islam, mais c'est parce qu'ils ne le connaissent pas.

Ils pensent que les musulmans sont tous des sauvages et des terroristes et qu'il n'y a que des obligations, alors qu'au contraire, pour moi, l'Islam est structuré, contrairement au christianisme. L'islam, c'est la vie. Al hamdoulillah.

« *Dis : "Ô gens, si vous êtes dans le doute au sujet de ma religion, je n'adore pas ceux que vous adorez en dehors de Dieu, mais j'adore Dieu qui vous fera mourir. Il m'a été ordonné d'être du nombre des croyants.* »

Coran, sourate 10 : verset 104

RÉCIT N°3 : ANONYME

Dieu m'a choisi. Il m'a mis sur la bonne route, même si elle était parsemée d'embûches : ma conversion résulte d'un cheminement personnel et d'une croyance profonde agrémentée d'épreuves.

Une en particulier m'a amené à prier Dieu. Même si à l'époque je Le définissais comme Jésus. Puisque je ne ressentais aucune réponse positive de Sa part, j'ai abandonné toute croyance pendant longtemps.

Puis, Il m'a fait passer par d'autres épreuves qui ont marqué mon enfance et mon adolescence.

Chaque route empruntée m'a amené à rencontrer des personnes remarquables, de culture différente et de confession religieuse différente et celle qui m'a le plus marquée : l'islam.

Je n'avais jamais perdu la foi, elle restait dans un petit coin de la tête, plus le temps passait, plus je me cultivais sur ce sujet, j'observais.

Le véritable moment qui a changé ma vie est arrivé plus tard. Après avoir connu tant de péripéties qui auraient pu me laisser dans l'abîme d'ici-bas, j'ai pris la décision, un soir de mai, accompagné d'un ami et surtout par la grâce de Dieu : me convertir à l'islam.

Je cherchais la droiture et Sa guidance. Mon cœur, mon corps et ma tête étaient remplis d'émotions et c'est à ce moment précis que j'ai su que je ne serai plus seule quoiqu'il arrive, Al Hamdoulillah.

Je suis fière de ce que j'ai parcouru et je Le remercie de m'avoir fait être qui je suis et surtout de ne jamais m'avoir abandonné. À mon tour, de ne jamais l'abandonner. Amine

« *Et quiconque se détourne*
de Mon Rappel, mènera certes,
une vie pleine de gêne,
et le Jour de la Résurrection
Nous l'amènerons aveugle
au rassemblement. »

Coran, sourate 20 : verset 124

RÉCIT N°4 : ANONYME

J'étais une jeune femme très belle, mannequin pour une grande marque, entourée de fréquentations douteuses. Je n'étais qu'un objet, à la merci des hommes riches. Dans mon enfance, ma grand-mère, très religieuse, m'emmenait à l'église pour la messe. Baptisée, je connaissais quelques prières et notions chrétiennes. Je cherchais alors à comprendre ma relation avec Dieu, mais je me sentais perdue. Pour oublier ma détresse, je me tournais vers des soirées interminables où les drogues et l'alcool étaient à profusion. Un jour, je me suis retrouvée dans une soirée, parmi des personnes inconnues. C'est là que j'ai remarqué un livre avec une couverture dorée. Sans le savoir, il s'agissait du Coran.

Lorsque j'ai tenté de le prendre, le propriétaire m'a posé trois conditions strictes : le conserver dans un lieu propre, ne pas fumer ou boire en le lisant, et se laver les mains avant de le toucher. J'ai accepté, j'étais quelqu'un avec des principes, respectueuse et « de parole ». Je suis rentrée chez moi avec la parole d'Allah sans le savoir...

Au début, je ne comprenais guère les premières pages du Coran, mais j'ai persévéré. Un soir, j'ai fait un rêve étrange où un homme âgé et des jeunes hommes se moquaient de moi. J'étais vêtue d'une jupe courte et portais d'énormes sacs de viande halal. Je leur ai répondu « Seul Allah est le Juge ». Troublée, j'étais intriguée mais pas encore convaincue.

Un matin, quelques jours après cette lecture, dans mon café habituel, j'ai vu dans la ruelle pavée, deux personnes entourées d'une lumière éblouissante. J'ai détourné le regard, ne croyant pas ce que je voyais mais en regardant à nouveau, j'ai vu un halo blanc autour d'elles. Choquée, j'ai abandonné mon café et me suis réfugiée chez moi, terrifiée. Je savais que ce n'était pas une hallucination, mais à qui pouvais-je en parler ? J'étais isolée, ma maison était dans un petit hameau en pleine montagne, loin de tout. La seule chose à faire était de continuer à lire le Coran pour comprendre ce qui se passait.

Une nuit, j'ai rêvé de lettres en arabe qui défilaient devant moi et j'ai pu les lire ! Une sensation de bien-être et de douceur m'a envahie, comme si j'étais dans du coton. En ouvrant les yeux, j'ai murmuré « S'il y a un Dieu, merci ».

J'ai continué ma lecture du Coran et j'ai eu deux autres rêves : dans l'un, le Prophète ﷺ m'enlaçait avec amour, et dans l'autre, un homme essayait de le tuer avec une arme.

Je me suis interposée en criant « Il faut sauver le Prophète », prête à donner ma vie pour lui.

En quelques semaines, j'ai vécu plusieurs expériences étranges, trop de signes pour que ce soit le fruit du hasard. J'ai donc décidé de changer, de me rapprocher de Dieu. Je ressentais déjà de l'amour pour le Prophète ﷺ. J'étais prête à prononcer la chahada*.

Je me suis souvenue d'un ami turc et je l'ai appelé. Peu importe la distance, j'étais déterminée. Il m'a expliqué comment me convertir à l'islam et m'a invité à la mosquée turque qu'il fréquentait le week-end suivant. J'ai pris le train pour m'y rendre, mais à mon arrivée, la mosquée était fermée. Déçue mais pas découragée, j'ai décidé de mettre le châle que j'avais sur ma tête dans le train du retour. Une fois de plus, j'ai eu une vision étrange : un homme qui montait dans le train avait une fumée noire à ses pieds. Il s'est assis en face de moi. J'étais de nouveau plongée dans une situation irréelle et angoissante, une vision incontrôlable qui me terrifiait.

De retour chez moi, toujours déçue par cet « échec », j'ai fait des recherches approfondies sur les conditions pour devenir musulmane. Dès le lendemain matin, j'ai fait le ghousl* du mieux que je pouvais et j'ai prononcé la chahada* seule, chez moi.

J'ai donc commencé à faire la prière avec ce que j'avais à ma disposition, une couverture de lit blanche et brodée que je considérais très précieuse. Lorsque j'ai accompli ma première prière (salah*), assise sur le rebord de mon lit en larmes, j'ai imploré Allah de me faire rencontrer d'autres musulmans et de comprendre la valeur de la vie en communauté dans l'islam. Ensuite, je Lui ai demandé de ne plus avoir de visions, elles m'effrayaient et je n'osais en parler à personne. Enfin, j'ai demandé à Allah de m'accorder un mariage avec un homme de sciences, même s'il était âgé, pour qu'il puisse m'enseigner tout ce que je ne savais pas.

Quelques semaines ont passé, et je me suis installée dans une ville avec d'autres musulmans, où j'ai fait de nombreuses rencontres enrichissantes. Ils sont devenus ma nouvelle famille. Plus tard, comme je l'avais demandé au Tout-Puissant, je me marierai avec un homme de sciences.

« C'est Lui qui fait descendre
sur Son serviteur des versets clairs,
afin qu'il vous fasse sortir des ténèbres
à la lumière ; et assurément
Allah est Compatissant envers vous,
et Très Miséricordieux. »

Coran, sourate 57 : verset 9

RÉCIT N°5 : ANONYME

J'ai embrassé l'islam en 2008, à l'âge de 19 ans.

Je viens d'une famille chrétienne, peu religieuse, mais qui m'a baptisé et fait ma communion. J'allais même à l'église le dimanche. Malgré tout, ma famille n'était pas vraiment religieuse.

Durant mon adolescence, j'ai traversé une période difficile, et vers l'âge de 15 ans, je suis tombé dans une longue dépression qui m'a conduit à arrêter l'école. Cette période, jusqu'à mes 19 ans, a été très éprouvante et compliquée.

Un jour, une personne que je connaissais via internet écoutait de la musique et j'ai aperçu dans sa playlist le titre « les cinq piliers de l'islam ». À cette époque, je connaissais très peu de choses sur l'islam, alors je lui ai demandé de me partager cette musique. Lorsque j'ai obtenu le fichier, j'ai réalisé qu'il s'agissait d'un chant en français (anachid*) qui parlait d'islam et il m'a profondément touché. Il s'agissait du groupe « le silence des mosquées ». J'ai écouté l'ensemble de l'album, qui m'a fait découvrir de nombreux aspects spirituels qui me manquaient énormément dans ma vie.

À l'écoute de ces paroles, j'étais soulagé et j'avais envie d'en apprendre davantage. J'ai alors commencé à me poser des questions sur l'Univers, la Création, et surtout sur mes origines. D'où je viens, mes parents, mes grands-parents, et ainsi de suite. Qui est le premier être humain sur terre ? Comment est-il apparu? Je commençais à ressentir la foi au plus profond de mon cœur, et j'avais besoin d'en savoir plus. J'ai commencé mes recherches sur Internet, car je ne connaissais pas de personne musulmane.

Alors, je me suis rendu dans la ville la plus proche qui avait une mosquée. J'avais besoin de les rencontrer, de leur annoncer ma volonté de devenir musulman.

Malheureusement, lorsque je suis arrivé à l'adresse indiquée, je n'ai vu qu'une porte de garage. Je n'imaginais pas la mosquée de cette manière, car dans mes recherches, j'avais vu des mosquées avec des minarets*. Cependant, cet échec ne m'a pas découragé. En rentrant, j'ai rencontré une femme qui portait le voile dans un centre commercial. Je lui ai expliqué ma situation, et elle m'a mis en contact avec son frère.

Son frère m'a donc invité à assister à la prière du Joumoua* le vendredi suivant, ce que j'ai fait.

La mosquée était effectivement à l'emplacement de ce garage apparent, et j'y suis entré avec le frère qui m'avait invité. À la fin du sermon de l'imam, celui-ci m'a invité à m'avancer devant tous.

C'est ainsi que j'ai prononcé mon attestation de foi, la chahada*, en ce jour de vendredi, devant ces hommes qui allaient à présent être mes frères.

« N'ont-ils pas réfléchi en eux-mêmes ?
Dieu n'a créé les cieux et la terre,
et ce qui est entre eux, qu'en toute vérité
et pour un terme fixé. Beaucoup de gens
sont dénégateurs de la rencontre
avec leur Seigneur. »

Coran, sourate 30 : verset 8

RÉCIT N°6 : ORLANE (NOUR)

Les raisons de ma conversion comprennent une série de signes extraordinaires, cela m'a pris du temps pour trouver leur signification, mais impossible pour moi de refuser une telle guidance. Ils nous montrent qu'Allah guide qui Il veut, mais surtout, Il guide qui veut être guidé. Je n'aurai jamais assez d'une vie pour remercier Allah.

Je suis née dans les années 80. J'ai eu une belle enfance, avec mes deux parents et ma petite sœur, bien que mes parents rejetaient la religion chrétienne. Je me souviens seulement d'une phrase de ma grand-mère un jour où je m'exprimais : « j'adore les frites ». Elle me rétorqua : « non, on n'adore que Dieu ».

À l'âge de 8 ans, un jour d'école, une sorte de force douce irrésistible m'enveloppa subitement en classe. Elle me retint jusqu'à ce que je sorte la dernière pour l'heure de la récréation. Elle me guida jusqu'à un mur où je vis une lumière blanche éclatante qui était au-dessus de moi, tel un jet lumineux venant de l'au-delà qui me figea à cet endroit. À ce moment, je me mis à m'exprimer dans une langue inconnue pour moi.

Cette expérience était douce, exaltante, et je ne voulais pas qu'elle s'arrête. Avec le recul, je pense me souvenir qu'il s'agissait de la langue arabe et que je prononçais la chahada*. Pour moi, c'était un appel de Dieu, comme un pacte. Après cet événement incroyable, j'attendis la seconde récréation pour essayer d'en parler à ma meilleure amie. J'avais besoin de le partager, bien que l'on n'ait jamais parlé de spiritualité ensemble. Je lui proposai de jouer « aux prêtres » devant ce mur, mais il ne se passa plus rien, et elle ne me comprenait pas.

Ce n'est que plus tard, à l'âge de 10 ans lors d'une colonie de vacances, que je revis à nouveau quelque chose d'étrange. Il y avait une « boum » et malgré ma bonne forme, je suis restée affaissée sur une table, endormie, incapable de me lever ou même d'ouvrir les yeux jusqu'à ce que la musique s'arrête.

Par la suite, ma scolarité devint difficile. J'étais très souvent le bouc émissaire, je ne comprenais pas les codes sociaux. J'étais dans ma bulle de coton et je n'arrivais pas à me faire comprendre. Beaucoup d'enfants en souffrance s'en prenaient à moi et cela devint du harcèlement. Cette période a été très difficile et elle a duré jusqu'à ma conversion à l'islam à mes 25 ans. D'un autre côté, j'étais une petite fille qui était sensible aux injustices autour de moi.

À l'adolescence, je n'avais pas de repère malgré ma bonne éducation. Mes parents m'ont inculqué de belles valeurs telles que l'honnêteté, la sincérité, le respect des autres, mais je manquais d'estime de moi-même et je ne connaissais pas mes limites. J'étais seule face au harcèlement, je me suis murée, je n'en parlais pas. J'étais différente, et on me le faisait savoir. Malheureusement, je fréquentais des personnes à problèmes. De fil en aiguille, je perdais le sens du bien et du mal et je n'avais personne à qui en parler. D'ailleurs, je pense qu'il est difficile, sans spiritualité, de grandir sans commettre de grands péchés (alcool, fornication, drogues, etc.) en France à notre époque.

À ma majorité, je trainais beaucoup avec des jeunes hommes. Sans jamais aller dans l'excès, j'essayais les drogues, l'alcool comme tout le monde. J'étais livrée à moi-même. Mais lors d'une soirée entre amis, une nuit de Ramadan (après vérification), la force douce vécue dans mon enfance revint, m'enveloppa et me poussa à prendre ma voiture pour rentrer chez moi. Une voix m'ordonna de m'allonger sur mon lit et soudain, je vis l'enfer, plongée dans ses flammes, j'entendais les gens hurler et tout était feu : les lits, la nourriture, le paysage, etc. C'est comme si Allah me montrait vers où je me dirigeais avec ce train de vie. Mon âme, difficilement, réussit à changer de cap, et la voix me demanda de m'asseoir.

Tout à coup, je vis une personne merveilleuse, un homme d'une beauté immaculée provenant de l'au-delà. Il avait les cheveux mi-longs jusqu'au-dessous de ses oreilles, noirs et ondulés. Son visage était resplendissant, ses qualités semblaient inégalables ici-bas. Pour moi, il s'agissait d'un ange messager. D'abord effrayée, la créature me rassura. Il me demanda d'énoncer ce que je voulais. À ce moment précis de ma vie, il me fallait simplement une bonne direction, être guidée. La voix me dit de me rallonger et la vision suivante était opposée à la première. Je voyais une magnifique lumière et je pouvais deviner des milliers d'anges autour de moi. J'ai demandé beaucoup de choses à ce moment-là, et je me souviens que ce moment dura une bonne partie de la nuit.

Malgré cette expérience, j'ai rencontré une mauvaise personne qui était violente avec moi. Il me frappait sans raison. J'étais à sa merci. Je suis partie avec elle dans son pays sur le continent africain. Ce fut une expérience marquante pour moi, la pauvreté extrême, la déforestation, le manque de soins, le manque d'eau, la famine, etc. L'Afrique a changé ma vie. Cependant, je ne m'étais pas encore convertie à l'islam. Dans ce pays et à cette époque, les musulmans n'étaient pas très appréciés. J'ai essayé d'aller écouter un prêche dans une église protestante, mais je fus choquée par ce que le prêtre répétait sur les musulmans : ils iraient en enfer. Malgré cela, j'acceptai le jour où un jeune protestant me proposa de lire la Bible.

Lorsque je l'ouvris pour la lire, le verset sur lequel je tombais ordonnait de s'éloigner des hommes violents. Stupéfaite, je l'ouvris une seconde fois, et je tombai sur le même verset.

Ce fut un grand signe pour moi, comme prisonnière de mon compagnon violent. Je décidai de fuir immédiatement, je pris mes valises direction l'aéroport. De retour chez mes parents, je me souvenais de ce qu'un homme musulman en Afrique m'avait évoqué, le ghousl*, les grandes ablutions. Il m'avait écrit les étapes sur un papier, et j'aimais les faire sans trop savoir la signification de celles-ci. J'avais également un Coran mais la traduction me semblait étrange. À la suite de cette expérience en Afrique, j'ai suivi une formation de moniteur éducateur qui m'a énormément plu, surtout l'aspect psychologique. J'aurais pu me sentir mieux, mais non, je n'avais pas trouvé mon équilibre, j'avais un mal-être général, il me manquait quelque chose.

Lors de vacances avec une amie, à la suite d'une crise d'angoisse, j'entendis à nouveau la voix du même Messager me dire « Dieu n'est pas un oppresseur, Il est le Créateur ». Je pensais que j'étais folle car mon amie n'avait rien entendu. Pour moi, c'était lié à ce que j'avais pu déclarer quelque temps auparavant lors d'une discussion profonde avec des amis un soir sur une plage. J'avais déclaré « Je ne pense pas que Dieu existe sinon il n'y aurait pas toutes ces guerres dans le monde ».

Je me trompais. Il semblait s'agir d'un appel à la croyance, je m'intéressai donc au christianisme, notamment à la branche protestante. Je lus les Évangiles, mais tout ne me plaisait pas. Je n'arrivais pas à prier. Pourquoi passer par Marie ou Jésus pour s'adresser à Dieu ? Petit à petit, je m'habillais d'une façon plus pudique, mais cette religion ne m'apaisait toujours pas. Un jour je faiblis, en frappant le mur de ma chambre, je demandai à Dieu « mais guide-moi, guide-moi ! ».

Quelque temps après, dans mon association d'aide aux migrants dont j'étais bénévole, je vis une jeune fille d'origine kabyle* qui me parla de la mosquée qu'elle fréquentait. Tout de suite, j'eus le besoin d'aller là-bas moi aussi, comme une évidence. J'ai sauté sur l'occasion et sollicitai cette jeune fille pour m'accompagner. Elle m'emmena à la prière du vendredi. Je suivis la prière sans savoir ce que je faisais, mais je ressentis l'effet d'une libération, comme si mes chaînes tombaient enfin. Je me mis à pleurer, j'avais enfin trouvé ma place.

Je choisis donc l'islam. Je fis la chahada* seule. Ensuite, je me mis à lire beaucoup, à prendre contact avec des sœurs, à m'habiller avec un turban*. J'étais enfin soumise à Allah. Les prières me soulageaient, je me reconstruisis petit à petit. J'étais transportée, ça a changé ma vie, j'avais enfin ce cadre protecteur qui me comblait.

Après la nuit vient l'aube, ma vie n'est plus du tout la même maintenant. Allah m'a sauvée et élevée, et l'islam m'a soignée et réparée. Avec pour médicaments le Coran, le jeûne*, la prière, etc. j'ai retrouvé le véritable sens des valeurs telles que l'estime de soi, la fraternité, la solidarité, la justice, le bon comportement, la bonne hygiène de vie, la protection de la nature et des animaux, l'humilité...

Je me sens remplie de joie et de foi, alors qu'avant je me sentais vide. J'ai fait une doua* pour me marier avec un homme qui aurait l'intelligence du cœur et, deux ans après, je me suis mariée avec un musulman qui me correspondait. Nous avons quatre enfants. Je suis devenue psychothérapeute. D'autres épreuves sont sur mon chemin. Dans le monde d'ici-bas, nous n'avons pas forcément ce que nous voulons, mais nous avons ce qu'Allah nous donne, et c'est tant mieux.

Les épreuves sont des bienfaits, à condition de les vivre avec Allah à nos côtés. L'objectif est de faire de notre mieux. Par exemple, j'aimerais tellement aider les opprimés, mais ce n'est pas en mon pouvoir. Nous devons d'abord nous changer nous-mêmes. Je ferai de mon mieux pour remercier Allah de m'avoir sauvée.

« *Ne vous avons-Nous pas donné une vie assez longue pour que celui qui réfléchit réfléchisse?* »

Coran, sourate 35 : verset 37

RÉCIT N°7 : NOÉMIE

Je m'appelle Noémie, je suis une jeune Canadienne convertie depuis presque un an, Al hamdoulillah*. Depuis mon enfance, j'ai toujours eu un esprit spirituel. Je savais que je n'étais pas sur terre à la suite d'un « Big Bang » et de l'évolution, comme le croient les mécréants. En bref, je savais qu'il existait une dimension spirituelle au-delà de cette création. J'ai d'abord exploré le christianisme, mais cela ne m'a pas vraiment interpellée, bien que j'aie eu quelques connaissances grâce à des membres de ma famille qui se disent chrétiens.

C'est durant l'été 2022 que j'ai commencé à chercher plus activement et SoubhanAllah*, j'ai trouvé ma voie.

Ne sachant pas grand-chose sur l'islam, je passais mes journées et mes nuits à regarder des vidéos qui expliquaient les miracles du Coran et qui répondaient à mes questions.

Souvent, quand je raconte ce que je vais vous dire, les gens ont du mal à y croire, mais SoubhanAllah, j'ai été guidée par le Tout-Puissant à travers des rêves. J'ai eu plusieurs rêves, mais voici ceux qui m'ont le plus émue et m'ont fait verser des larmes.

Premier rêve : j'étais dans une très grande tour, dans un bureau avec une dizaine de personnes. Nous savions que la tour allait bientôt s'effondrer. Tout le monde courait dans tous les sens, mais j'étais calme. Tout au long du rêve, je me sentais apaisée avec la certitude qu'Allah allait avoir pitié de moi. Je criais « Takbir »* et les personnes dans le bureau répondaient « Allahou Akbar »*. SoubhanAllah, je faisais des dou'as* dans mon rêve, demandant à Allah de nous aider, car Il était le seul à pouvoir le faire. J'ai eu le temps de réciter la chahada*. Vous savez, ce sentiment quand vous tombez de haut, et que vous vous réveillez en sursaut ? Eh bien, je me suis réveillée en sursaut, mais j'étais apaisée. À ce moment-là, c'était au début de mon intérêt pour l'islam. Je ne savais ni comment faire des dou'as*, ni comment prononcer la chahada*.

Deuxième rêve : j'étais dans un bus qui avait été détourné par une personne mal intentionnée. J'étais extrêmement stressée, car dans mon rêve, je portais des vêtements très dénudés. J'avais un sentiment réel de honte, de peur et de stress à l'idée d'être dans cet état. Je me souviens seulement d'avoir fouillé dans mon sac et d'avoir trouvé un voile et une longue robe que j'ai enfilés en disant « maintenant je peux mourir ». Ce rêve m'a profondément marquée. Il semblait si réel. Je me suis réveillée en sueur froide.

Depuis, mes rêves sont toujours des expériences dans lesquelles j'entends quelqu'un réciter d'une voix pure et belle. Je ne vois jamais rien d'autre, juste un fond blanc très lumineux. SoubhanAllah.

Stimulée par ces rêves inspirants, j'ai été motivée à approfondir mes recherches sur l'islam. Profondément touchée, j'ai finalement adopté l'islam, prononçant seule chez moi la chahada* qui allait marquer un tournant décisif dans ma vie.

« *Que ne voyagent-ils sur la terre afin d'avoir des coeurs pour comprendre, et des oreilles pour entendre? Car ce ne sont pas les yeux qui s'aveuglent, mais, ce sont les coeurs dans les poitrines qui s'aveuglent.* »

Coran, sourate 22 : verset 46

RÉCIT N°8 JUSTINE

Je vais vous parler de mon cheminement qui a mené à ma conversion à l'islam le 29 avril 2023.

Je suis née dans une famille chrétienne, j'ai grandi en croyant en un seul Dieu. Cependant, je me posais beaucoup de questions et ne trouvais pas de réponses satisfaisantes. Je m'interrogeais sur toutes les autres religions, sur notre Créateur, sur les prophètes, etc. Comment savoir quelle religion est la meilleure ?

En grandissant, j'ai dû faire appel à une thérapeute pour mon développement personnel, ce qui m'a beaucoup aidé à aller mieux, à avancer. Lorsque j'ai commencé à m'élever, à m'aimer, à évoluer, j'ai ressenti un appel venant d'Allah.

Un jour, j'ai eu une discussion profonde avec un ami musulman, un échange qui a été comme un déclic. J'ai alors décidé de me renseigner plus profondément sur l'islam. Je me suis mise à apprendre, à rencontrer des musulmans que je trouvais absolument merveilleux, avec le cœur sur la main. J'ai acheté des livres, j'écoutais des rediffusions de rappels (YouTube) et j'ai même rencontré l'imam de ma ville à plusieurs reprises. Quelque chose avait changé, j'avais trouvé ma voie, celle de la vérité. Je ressentais le besoin d'apprendre encore et toujours, car cette religion est merveilleuse, axée sur la paix, la spiritualité, l'amour de soi, l'amour des autres et l'adoration d'Allah.

Vint le jour de ma conversion, où de nombreuses sœurs étaient présentes pour m'accompagner. Une grande émotion s'est ensuivie, avec de la joie, des larmes, des cadeaux ; c'était une expérience merveilleuse. Je remercie toutes ces personnes pleines de bonté et de bienveillance qui m'ont vraiment touchée. À 21 ans, je peux dire que ce jour était le plus beau que j'ai vécu jusqu'à maintenant.

Aujourd'hui, je suis musulmane et je me sens comblée. Dès les premières prières, j'ai ressenti une grande différence par rapport à celles que j'avais pu faire en étant chrétienne. J'ai éprouvé des émotions que je n'avais jamais vécues auparavant, surtout lors de la prosternation, où j'ai ressenti un bien-être profond. Prier à la mosquée procure également une sensation très particulière, c'est un lieu chaleureux qui inspire la paix.

En ce qui concerne ma famille, malgré mes craintes, j'ai eu des discussions avec ma mère car nous sommes une famille ouverte d'esprit.

Après un voyage en Turquie juste avant ma conversion, j'avais ressenti de grandes émotions que j'avais partagées avec elle. J'ai donc décidé de leur annoncer ma conversion et malgré leur étonnement, j'ai réussi à les rassurer en répondant à toutes leurs questions, paisiblement, pacifiquement. Ils avaient des peurs, des préjugés, notamment à cause de ce qui est diffusé à la télévision. J'ai su leur expliquer ce qu'était réellement l'islam (je me suis aidée du livre « En finir avec les idées fausses sur l'islam et les musulmans » d'Omero Marongiu-Perria). Plus le temps passe, plus ils se rassurent ; notre relation reste la même, car ce sont des choix personnels et je ne leur impose rien.

Face aux épreuves, je reste sereine parce que je sais que tout est calculé par Allah et c'est Lui qui a tout créé. Aujourd'hui, j'ai une vision du monde bien plus apaisée qu'auparavant. L'ici-bas est une épreuve et elle se terminera bientôt pour nous conduire vers l'éternité dans l'au-delà. Je contemple la création d'Allah, j'observe et m'émerveille en disant « soubhanAllah ».

J'ai un lien spécial avec les animaux, je les aime beaucoup, et il m'est même arrivé de voir un groupe de biches s'arrêter pour m'observer deux fois au cours de la même semaine. Pour moi, c'était un signe. Mon cheminement vers Allah m'a épanouie, apaisée.

J'aime apprendre, cela me rend heureuse et je sens que je me rapproche d'Allah et que j'abandonne peu à peu des péchés. Je suis toujours en train de perfectionner la prière, car il est difficile de prononcer correctement l'arabe en tant que francophone. Je me suis inscrite à des cours d'arabe et j'avance doucement mais sûrement. Des applications sur mon téléphone me facilitent pour apprendre l'alphabet, par exemple.

Enfin, je conseillerais à ceux qui se posent des questions, qui cherchent la vérité, de faire attention aux personnes et aux livres auprès desquels ils obtiennent leurs informations. Trouvez de personnes bonnes et bienveillantes comme celles que j'ai rencontrées.

« *Ne craignez rien, Je suis avec vous,*
J'entends et Je vois »

Coran, sourate 20 : verset 46

RÉCIT N°9 : ANONYME

Bismillahi Ar Rahmani Ar Rahim*,
J'ai décidé de ne pas partager ma conversion à l'islam, c'est un moment intime dans ma vie que je souhaite garder pour moi et mes proches mais j'aimerais vous raconter le moment où j'ai décidé de porter le hijab*. J'illustre cette démarche avec le Hadith Qudsi*, qui me rappelle toujours ce moment précis de ma vie :

Anas ibn Mâlik et Abû Hurayrah (qu'Allah les agrée) relatent que Le Prophète ﷺ relate que son Seigneur, à Lui la Puissance et la Grandeur, a dit :
« *Lorsque le serviteur se rapproche de Moi d'un empan, Je Me rapproche de lui d'une coudée. Lorsqu'il se rapproche de Moi d'une coudée, Je Me rapproche de lui d'une brasse, et lorsqu'il vient vers Moi en marchant, Je Me hâte vers lui.* » (hadith authentique, rapporté par Al-Bukhari*).

L'idée de porter le hijab ne m'était pas évidente au début. Je préférais la mettre de côté, pensant avoir d'autres aspects de ma foi à explorer. Je n'avais pas vraiment d'élément déclencheur clair pour le porter.

Peut-être était-ce le fait de fréquenter la mosquée le dimanche, où je voyais d'autres sœurs en hijab. Jusqu'au jour où cela s'est imposé à moi en septembre 2014. Je suis partie en Turquie pour quelques jours et j'ai invoqué Allah, lui demandant un signe pour m'aider. Allah répond toujours à nos invocations et je dois dire qu'il m'a donné plusieurs « encouragements », soubhanAllah*.

J'ai donc décidé de porter le hijab pendant ce séjour pour voir comment je me sentirais. C'était tellement plus facile de le faire dans un pays musulman, loin de chez moi, sans les regards de mes proches.

Le court séjour à Istanbul touchait à sa fin. Mon mari et moi voulions nous installer dans un café avec vue sur le Bosphore, un endroit très prisé. Malheureusement, toutes les places étaient occupées, et nous nous apprêtions à partir quand une famille turque nous a généreusement cédé leur place. J'ai remercié la famille et la sœur Tuqba m'a même offert son chapelet. C'était un moment très fort pour moi. À cet instant, j'ai ressenti la solidarité fillah*. La sœur m'avait identifiée en tant que musulmane grâce à mon hijab et a immédiatement souhaité me faire plaisir sans même me connaître... C'était le premier signe.

De retour chez moi le samedi, dès le lendemain, je suis retournée à la mosquée pour parler à mes sœurs fillah* de mon désir ardent de porter le foulard. F. et A. m'ont vraiment encouragée. F. m'a même conseillé de réciter l'évocation suivante au réveil : « La hawla la qouwwata illa billah »*.

Le lendemain, dès mon réveil, j'ai suivi son conseil. En récitant cette phrase, j'ai ressenti une force en moi que je n'avais jamais expérimentée auparavant. C'était le deuxième signe. Toutes mes craintes se sont évaporées à la prononciation de cette phrase. Je sentais que l'appel Divin était bien plus puissant que le regard des autres créatures, soubhanAllah.

J'ai décidé d'en parler parfois au téléphone avec ma maman, en douceur, pour la préparer à ce changement. Je suis restée discrète, il était inutile de l'inquiéter pour rien et puis, ses visites ne pouvaient pas être inopinées puisqu'elle n'habite pas dans la même région que moi. Mais le jour où mes parents m'ont rendu visite est finalement arrivé, et je me suis retrouvée dans l'impasse. Comment faire ? Comment leur dire ? Il m'était impossible de sortir de la maison tête nue. J'en ai parlé d'abord à ma maman, et nous sommes sorties ensemble à la supérette. Tout semblait normal, même si je me sentais gênée à côté d'elle, craignant de la décevoir. Le lendemain, nous avons décidé d'aller dans un grand marché à une heure d'ici. Cette fois-ci, je suis sortie avec maman et papa, avec mon foulard.

J'ai dû faire preuve de patience, car la réaction de papa était différente de celle de maman. Au marché, nous nous sommes arrêtés à un stand de bijoux. Le vendeur musulman qui nous a vus arriver nous a regardés intensément. Il a probablement deviné que j'étais convertie. Sans que nous lui posions de questions, il s'est lancé dans une explication sur le foulard et l'islam. Il a dit des choses que je n'aurais jamais osé dire à mes parents, soubhanAllah. C'était le troisième signe. Avant de partir, ma maman m'a offert un joli foulard à fleurs, aux couleurs vert émeraude, jaune et orange. C'était le quatrième signe.

Cette expérience est gravée dans ma mémoire et reste inoubliable. Allah m'a montré Sa Puissance et m'a facilité les choses. Tous ces événements m'ont profondément réconfortée. À toutes celles qui liront mon témoignage, je vous conseille, ainsi qu'à moi-même, de placer notre confiance totale en Notre Créateur. C'est Lui qui guide et agence parfaitement, soubhanAllah.

« Ceux qui ont cru, et dont les cœurs se tranquillisent à l'évocation d'Allah. Certes, c'est par l'évocation d'Allah que les cœurs se tranquillisent. »

Coran, sourate 13 : verset 28

RÉCIT N°10 : ANONYME

Durant mon enfance, je me souviens de ces moments où je me tournais vers « l'inconnu » dans mes prières, sans même savoir qui ou quoi cela représentait. Issue d'une famille athée, l'univers de la religion, de Dieu et de tout ce qui s'y rapporte restait un mystère pour moi. Pourtant, malgré cette ignorance profonde, je demandais à cet « être inconnu » de veiller sur ma mère, de la protéger des coups que lui infligeait mon père, de la guérir de ses maladies et de m'apporter de l'aide chaque fois que le malheur s'abattait sur ma vie. Ces moments de supplication étaient empreints d'une foi pure, mais dénués de rituels.

Les années se sont écoulées, puis Allah a placé sur ma route des musulmans, me permettant ainsi de découvrir l'Islam. C'était un tournant majeur dans ma vie, une révélation qui a éclairé le chemin à suivre. SoubhanAllah*, je me souviens du sentiment qui m'a envahie lorsque j'ai enfin compris qui je priais durant mon enfance. C'était une illumination qui a transformé ma perception du monde qui m'entourait.

J'ai non seulement découvert l'Islam, mais j'ai également saisi le sens de ma présence sur cette terre. J'ai trouvé les réponses aux questions qui tourmentaient mon esprit depuis toujours.

Al Hamdoulillah*, une expression qui signifie « Toutes les louanges sont à Allah », est la phrase qui résume le mieux mes sentiments. J'éprouve une reconnaissance infinie envers Allah pour m'avoir guidée sur ce chemin, car par Sa volonté, je suis bel et bien devenue musulmane.

« Invoquez votre Seigneur en toute humilité et recueillement et avec discrétion. Certes, il n'aime pas les transgresseurs. Et ne semez pas la corruption sur terre après qu'elle ait été réformée. Et invoquez-le avec crainte et espoir, car la miséricorde d'Allah est proche des bienfaisants. »

Coran, sourate 7 : verset 205

RÉCIT N°11 : SAWSEN

Je me suis convertie le 2 juillet 2021 à l'âge de 21 ans. Pour être honnête, je l'ai toujours su. Mes parents étaient athées et ma famille ne parlait pas du tout de religion. Pourtant, j'ai toujours ressenti en moi ce vide et ce besoin d'aller vers notre Créateur. Depuis toute petite, je posais énormément de questions. Je ne pouvais pas croire en un monde sans Dieu.

Très jeune, je me suis rapprochée de l'Islam. Comme le dit toujours ma mère, je lui parlais de notre magnifique religion depuis l'âge de 11 ans ! Sans même connaître les autres religions ou même ce que contenait l'Islam, je l'avais déjà dans le cœur. J'ai rapidement cherché à me renseigner sur l'Islam grâce à des applications surtout.

Je lisais et j'avais également une amie musulmane que je voyais toutes les semaines et avec qui je pouvais discuter de tout, y compris de religion. Cette amie est malheureusement décédée, qu'Allah lui fasse miséricorde. J'allais souvent la voir au cimetière, et je continuais de fréquenter sa famille. Sa mère était athée et son père était musulman. Il m'a beaucoup appris et priait beaucoup pour son salut.

Je sais qu'il était très malheureux, mais je sais aussi que c'est la foi qui l'a aidé et qui fait qu'il est toujours là aujourd'hui.

Peu de temps après, j'ai rencontré un garçon. Nous sommes restés ensemble presque deux ans, mais beaucoup de choses négatives se sont produites, ce qui a engendré des troubles alimentaires pendant des années.

Durant tout ce temps, je n'ai jamais franchi le pas car ma famille était contre. Dès que je leur parlais de mon souhait de devenir musulmane, cela se transformait en conflit.
Je n'ai jamais vraiment cherché à aller plus loin, créant ainsi un vide de plus en plus grand et une période où je commettais des péchés auxquels je suis devenue attachée. J'ai connu une longue période d'addiction et, de ce fait, je ne me sentais pas légitime pour devenir musulmane. Comment pourrais-je me convertir en continuant dans le haram ? Je continuais à être malade tout le temps, sans en connaître la raison (troubles).

Lorsque je me suis convertie, ces douleurs sont parties, SoubhanAllah. Je n'ai plus jamais vécu l'enfer que j'ai connu pendant ces longues années. Grâce à Dieu, j'ai compris tellement de choses. J'étais vraiment malheureuse à cause de certaines séparations, mais je sais qu'aujourd'hui, ce n'était qu'un bien pour moi. Allah est le guide et décide de ce qui est et de ce qui n'est pas.

Le fait d'être convertie m'a fait perdre certaines amitiés, mais je sais aujourd'hui que c'est le plan d'Allah et qu'il l'a fait pour mon bien. Toutes les épreuves passées, aussi dures soient-elles, sont des preuves de l'amour qu'Allah me porte. Je suis vraiment reconnaissante d'avoir l'Islam dans ma vie aujourd'hui. Allah a changé ma vie, transformant les épines en roses, et m'a permis d'avoir une autre vision des choses. J'ai mis énormément de temps à comprendre tout cela, pourquoi il y a des guerres dans le monde et toutes ces misères. Certes, Allah est miséricordieux et promet à tout bon disciple une vie meilleure dans l'au-delà.

N'écoutez que votre cœur. Mon plus grand regret est de ne pas avoir écouté avant. Cela m'aurait évité tant de peine inutile. Mais c'était le plan d'Allah, peut-être pour que je prenne conscience de tout, sûrement pour m'élever et m'aider à grandir dans l'amour que je lui porte. J'espère devenir plus pieuse et ne plus jamais être tentée par le diable.

Ma famille est plus ouverte maintenant, car ils ont pu voir le changement que cela a eu sur moi. Ils m'aiment et n'ont pas eu d'autre choix que d'accepter. Nous pouvons aujourd'hui parler librement de religion, même si certains sujets sont encore difficiles à aborder. Je suis libre d'être qui je suis.

« *Ton Seigneur ne t'a ni abandonné,*
ni détesté. »

Coran, sourate 93 : verset 3

RÉCIT N°12 : ROXANE

Lors d'une soirée en 2011, à l'âge de 19 ans, j'ai rencontré mon ex-mari, le père de mes enfants, qui était d'origine algérienne et musulmane. Pourtant, en tant que française d'origine allemande, j'avais grandi avec la mentalité de ne jamais ramener un « arabe » à la maison. Mais Roxane a fait tout le contraire...

À force de fréquenter ce garçon, mes parents ont fini par l'apprendre. Ma mère m'a donné comme condition de le quitter ou de tout avouer à mon père (mes parents étaient divorcés). Étant amoureuse de cet homme, il m'était impossible de faire cela. Du jour au lendemain, habitant encore chez ma mère, elle m'a mise à la porte. Mon père m'a appelée à mon travail en larmes, me disant que je n'étais plus sa fille. Après cela, toute ma famille m'a tourné le dos, je n'avais plus aucun contact avec personne. J'ai pu cependant dormir 14 jours chez ma cousine et, al hamdoulillah*, j'ai rapidement trouvé un logement.

Je suis tombée dans une grande dépression, pleurant jour et nuit. Mon frère, avec qui j'étais très proche, me manquait terriblement. Un sentiment de vide et un cœur lourd m'envahissaient. J'ai consulté mon médecin traitant, qui m'a prescrit des médicaments contre cette fameuse dépression que je n'ai jamais pris. Mon ex-mari ne m'a pas lâchée, il était à mes côtés. Nous avons beaucoup échangé sur la religion, lui sur l'islam et moi étant déjà croyante de la religion catholique. J'avais déjà Allah dans mon cœur depuis très jeune, j'allais souvent à la messe avec ma grand-mère et cela me procurait beaucoup d'apaisement et de sécurité.

Après de nombreux échanges sur la religion, j'ai commencé à me questionner. Parfois, quand je priais, je disais Dieu, une autre fois Jésus, c'était confus lorsque nous débattions sur le sujet.

Puis, un soir, seule dans mon appartement, avec ma solitude et ce chagrin qui me pesait au cœur, je me suis mise une serviette de bain sur la tête, une autre par terre et j'ai prié. J'ai posé mon front au sol, demandant à Dieu de m'aider, et là ! Je me suis relevée si légère, comme si tout était resté au sol. Je me souviens de cette légèreté incroyable et là, je me suis dit, Roxane, c'est ça ! L'islam m'a sauvée, Allah m'a sauvée !

Par la suite, j'ai approfondi mes recherches et une tutrice m'a enseigné les bases de l'islam. Nous avons d'abord rencontré l'imam de la mosquée, qui m'a posé des questions. Il a proposé que je fasse la chahada* dans l'après-midi, car il y avait un rassemblement à l'occasion d'une circoncision qui avait eu lieu. Quand nous sommes arrivées à la mosquée, elle était pleine de femmes. J'ai fait ma déclaration devant toutes ces femmes, et elles ont toutes pleuré en m'embrassant une par une. C'était vraiment émouvant ! Ce fut un jour incroyable, merveilleux, al hamdoulillah !

Aujourd'hui, je suis maman de quatre enfants. Il y a deux ans, à la suite de mon divorce après de nombreuses épreuves, j'ai décidé de porter le hijab*, al hamdoulillah. Je remercie chaque jour Allah pour tous ces bienfaits, même si ma vie est faite d'épreuves successives. Mes parents ne veulent toujours pas me voir ni me parler à cause de mon foulard.

On ne comprend pas toujours les épreuves qu'Allah nous donne sur le moment, mais al hamdoulillah, tout est bien fait.

« *Allah n'impose à aucune âme*
une charge supérieure à sa capacité. »

Coran, sourate 2 : verset 286

RÉCIT N°13 : ANONYME

Je suis née et j'ai vécu une vingtaine d'années dans une organisation que certains pays considèrent comme une secte, tandis que d'autres la reconnaissent comme une religion. Dans cet univers, la question de l'existence d'un Créateur n'avait jamais vraiment émergé en moi. À l'inverse, on nous inculquait d'autres croyances bien différentes.

Cependant, ma trajectoire de vie a pris un nouveau tournant lorsque j'ai eu l'opportunité de rencontrer mon futur mari marocain. Après un certain temps, nous avons pris la décision de fuir pour nous installer au Maroc et réaliser notre désir de fonder une famille, ce qui n'était pas possible dans cette organisation.

Arrivés au Maroc, c'était la période du Ramadan. Les actes d'adoration étaient donc bien « visibles » et présents autour de moi, ce qui me captivait. Leur dévotion m'a profondément impressionnée et a éveillé en moi un désir sincère de comprendre leur foi. Le soir, je suivais avec la famille de mon mari des émissions religieuses sous-titrées en anglais, cherchant à saisir les enseignements de l'islam.

Un soir, un cheikh égyptien parlait de l'importance du lien avec les parents dans l'islam. À ce moment-là, j'ai réalisé à quel point la conception de l'amour parental différait de ce que l'on m'avait appris : d'où je venais le lien avec les parents était limité, presque inexistant, un simple aspect charnel de l'existence. Nous ne voyions nos parents que quelques heures, un seul jour dans la semaine. Alors que dans l'islam, j'ai découvert un amour naturel et inconditionnel envers les parents, un lien sacré que je n'avais jamais connu, qui pourtant me paraissait évident.

À mesure que je me plongeais davantage dans l'islam, des aspects de cette foi résonnaient en moi. Je contemplais les actes d'adoration, comme la prière du Tarawih*, et cela m'apportait une paix intérieure que je n'avais jamais ressentie auparavant. Même si je ne comprenais pas ce qu'ils récitaient, j'étais apaisée. Lorsque j'ai appris qu'ils récitaient le Coran, j'étais convaincue que ce n'était pas qu'un simple livre.

Il commençait à se passer des choses inhabituelles comme une nuit où je me suis réveillée avec l'impression de ne plus ressentir mon corps. La cousine de mon mari m'a récité des versets du Coran, et je l'ai ressenti comme une « injection de vie » qui me permettait de ressentir à nouveau mon corps.

Ces expériences ont ébranlé mes croyances qui s'étaient ancrées pendant 20 ans, éveillant en moi l'attrait pour l'islam, l'adoration d'un Dieu Unique. Peu à peu, mes doutes se sont dissipés. La certitude s'est enracinée en moi.

Un moment décisif est survenu lorsqu'un soir, je me suis décidée à implorer Dieu de me guider. La même nuit, j'ai rêvé que je priais, j'en ressentais même les effets. La cousine de mon mari venait au même moment pour me réveiller pour prendre le souhour*. La réalité se mélangeait tellement à mon rêve que je me demandais, tout en priant, pourquoi elle me dérangeait pendant la prière ! Un peu plus tard dans la matinée, en confiant cette anecdote à mon mari il fut étonné car son autre cousine venait de lui dire qu'elle avait rêvé dans la nuit que je me convertissais à l'islam. Pour moi, c'était le signe qui répondait à mon invocation de la veille.

J'ai commencé à réfléchir sérieusement à ma foi et finalement, j'ai pris la décision de me convertir à l'islam. Mon mari a partagé la nouvelle avec notre famille, et j'ai prononcé la chahada* devant les cousines de mon mari, scellant ainsi ma nouvelle foi, ma nouvelle vie. J'ai commencé à prier avec les femmes de la maison, partageant leur foi et leur dévotion. Ces sept années au Maroc ont été une période d'apprentissage et de croissance personnelle et spirituelle.

J'ai pu rencontrer beaucoup de femmes inspirantes et partager un bout de mon histoire avec elles.

En conclusion, l'islam s'est imposé à moi, malgré l'endoctrinement pendant une bonne partie de ma vie, j'ai été attirée par la beauté de l'adoration des musulmans puis par la vérité qui s'impose à nous lorsqu'on se pose les bonnes questions. Avoir un esprit ouvert m'a sauvé de l'organisation dans laquelle je suis née et j'ai grandi, j'implore Allah d'en faire de même pour ma mère et mes frères et sœurs. Amin

« Et c'est ainsi que Nous t'avons révélé
un esprit [le Coran]
provenant de Notre ordre.
Tu n'avais aucune connaissance du Livre
ni de la foi; mais Nous en avons fait une
lumière par laquelle Nous guidons
qui Nous voulons parmi Nos serviteurs.
Et en vérité tu guides
vers un chemin droit »

Coran, sourate 42 : verset 52

RÉCIT N°14 : ANONYME

J'ai grandi dans une famille athée et je n'ai jamais eu l'occasion de rencontrer un croyant (même chrétien). Cependant, j'ai eu la chance d'être élevée dans un esprit d'ouverture au monde et de respecter l'autre et sa différence.

J'étais donc une jeune femme curieuse qui posait des questions. J'ai connu l'islam quand j'étais étudiante, par la connaissance de musulmans étudiants comme moi. L'un d'eux m'avait donné un livre « Le licite et l'illicite » de Youssef al-Qaradâwî. Même si je ne comprenais pas tout, il évoquait de nombreux sujets et beaucoup de choses me plaisaient et me paraissaient justes. Il y avait aussi le fait que lorsque j'interrogeais mes amis, ils me répondaient également par des questions !

Je n'ai pas grandi auprès de mon père, ce qui avait créé en moi un besoin de mise en sécurité, de protection, et lorsque j'en ai appris plus sur mon Créateur, j'ai senti l'occasion de combler ce manque et mes carences affectives. J'allais comprendre plus tard qu'Allah est notre Protecteur et qu'Il aime Son croyant bien plus qu'un père n'aime son enfant.

C'est donc par raisonnement et démarche intellectuelle que j'ai compris que tout était logique et que toutes les réponses que je trouvais dans mes lectures sur l'islam n'étaient que vérité et justesse. Certaines personnes sont rentrées dans l'islam par le ressenti du cœur (exemple en entendant l'adhan*, la récitation du Coran, etc.) ce qui n'était pas mon cas. Il m'a donc fallu du temps pour approfondir ma foi. C'est d'ailleurs encore le cas aujourd'hui ; il faut toujours chercher à améliorer sa foi.

Mais le raisonnement ne suffit pas pour croire en Dieu, le cœur doit être impliqué dans cette quête de foi. À l'époque, je ressentais un manque, j'avais compris qu'il fallait croire en Allah le Très Haut, mais je n'arrivais pas à ressentir cette foi dans mon cœur. J'ai donc essayé de commencer à apprendre quelques versets, à essayer de prier, de jeûner. Petit à petit, je me mettais dans la pratique. Mes efforts ont entraîné cette fameuse augmentation de foi et j'ai décidé de me reconvertir. Je n'ai pas récité la chahada dans une mosquée mais face à des témoins.

L'islam, c'est une amélioration de soi continuelle, ainsi, à la suite de l'attestation de foi, nos habitudes changent, les vêtements, l'alimentation… Par exemple, j'étais coquette avant, mais la pudeur s'est installée petit à petit.

Bien sûr, ce n'est pas facile de pratiquer dans une famille athée, chrétienne, même musulmane non pratiquante. Au début, cela a été inquiétant pour mes proches. La première fois que ma mère a découvert le livre « Comment faire la prière » sous mon oreiller, elle m'a averti que si je me reconvertissais à l'islam, je ne pourrais plus mettre les pieds à la maison ! Il faut donc y aller petit à petit afin de montrer que nous sommes meilleures qu'avant, plus sages, plus raisonnables, plus réfléchies. Aujourd'hui, les choses ont bien évolué al hamdoulillah, ma mère peut même me dire des choses comme « je t'ai mis une couverture sur le sol de ma chambre si tu veux faire la prière ». Au final, ma famille accepte de manger de la viande halal* en ma présence. Ne désespérez pas, mes sœurs, Dieu est grand et par Sa miséricorde, Il vous facilitera.

J'aimerais conclure en disant que ce n'est pas parce que nous sommes reconverties que tout est fait, il faut apprendre encore et toujours, remplir son cœur et avancer vers Allah.

« *A ceux qui croient*
et font de bonnes œuvres,
le Tout Miséricordieux accordera
Son amour. »

Coran, sourate 19 : verset 96

RÉCIT N°15 : YANICK

Pendant mon adolescence, vers l'âge de 14-15 ans, je travaillais dans un garage de mécanique lourde durant l'été. J'y ai rencontré un homme maghrébin, et puisque nous passions beaucoup de temps ensemble, il en a profité pour me poser quelques questions sur mes connaissances au sujet de l'islam. Étant canadien français, je n'avais que des amis de ma propre culture. Malgré mon manque de connaissances, j'étais ouvert d'esprit. Il m'a donc appris, par exemple, qu'Allah a 99 noms, qu'Il est Tout Miséricordieux, etc.

À la fin de l'été, il m'a proposé de venir l'observer prier. Quelque chose en moi m'a poussé à le faire, et lorsqu'il s'exécuta, je me suis dit : « Mon Dieu, cela a l'air compliqué de prier de cette manière ».

C'est alors que j'ai eu l'impression que Dieu me répondait : « Eh bien, crois-le ou non, tu me prieras de cette manière lorsque tu seras plus vieux ». J'étais évidemment sous le choc, je me demandais si j'avais bien entendu. J'ai gardé ce secret pour moi pendant près d'une décennie.

Par la suite, j'ai vieilli, j'ai appris, j'ai été en quête de vérité... Après mes études secondaires, j'ai entamé un diplôme en histoire au cégep. Durant mon parcours, j'ai eu l'opportunité de réaliser un projet de session sur la naissance de l'islam, ce qui m'a permis d'en apprendre davantage sur la vie du prophète ﷺ. J'ai également passé du temps à visiter des mosquées, des temples et des églises, cherchant activement à acquérir des connaissances. Après avoir achevé mes études et constaté que je n'avais pas trouvé ce que je cherchais (la vérité de la vie), j'ai formulé une demande à Dieu, lui demandant de me guider vers la religion si c'est là que réside la grande vérité.

Le temps a passé, ma situation a évolué, et un jour, j'ai décidé de demander à Dieu de m'envoyer une femme qui porterait la vérité sur son dos. Je voulais me marier et fonder une famille avec une femme bien précise : pas de faux cheveux, faux ongles, maquillage, etc. et une femme ne prenant pas la pilule contraceptive car je craignais que cela ait un effet sur sa santé. J'ai même osé demander à Allah de la rencontrer d'ici les 30 prochains jours. Il m'a exaucé ! J'ai donc rencontré cette femme, mais pour être accepté par sa famille, je devais être musulman. C'était donc enfin le moment pour moi de me convertir à l'islam.

Ainsi, nous avons construit notre vie ensemble et avons eu deux filles.

Cependant, après la naissance de notre deuxième enfant durant la période de la pandémie du covid, ma femme a fait face à une dépression post-partum et a demandé le divorce. Cette situation m'a profondément perturbé, car je donnais tout pour ma famille.

J'ai accepté mon destin, l'aidant même à trouver un emploi, un logement, des meubles, tout pour assurer une vie normale avec les enfants en garde partagée.

Suite à cette épreuve, j'ai de nouveau demandé l'aide d'Allah, parce que j'avais très peur pour mes enfants. Je lui ai demandé de me destiner une femme qui m'aiderait avec cette situation et quelques mois plus tard, j'ai rencontré ma femme. Nous nous sommes mariés et avons eu une fille ensemble.

Aujourd'hui, nous sommes heureux et en bonne santé al hamdoulillah*. Je remercie Allah de m'avoir toujours apporté secours lorsque je lui demandais.

« *Allah attribue Ses dons/bienfaits*
à qui Il veut sans compter. »

Coran, sourate 2 : verset 212

RÉCIT N°16 : YZABELLA

Pour commencer, je proviens d'une famille totalement athée. Bien que j'aie été baptisée, cela s'est fait uniquement par respect de la tradition. En bas âge (avant 5 ans), je m'intéressais à Dieu, au point même de me rendre seule dans une chapelle à proximité de mon domicile. Toutefois, en grandissant, j'ai abandonné ma foi sous l'influence de mes parents.

À l'adolescence, j'ai fréquenté beaucoup de personnes d'origine arabe et musulmane dont le comportement ne reflétait pas la piété, et j'ai développé un racisme similaire à celui de mes parents. Je nourrissais une aversion envers les musulmans et tout ce qui était lié à l'islam.

En 2013, j'ai rencontré un homme algérien croyant mais qui avait laissé sa pratique de côté. Il était doté d'une conduite exemplaire, il faisait beaucoup de bien aux autres. Cela a considérablement modifié mon point de vue sur l'islam mais j'étais encore loin d'être convaincue. Un jour, sans le dire à mon petit ami et malgré ma crainte des musulmans, j'ai visité une mosquée pour poser des questions. Mon intention était de prouver à mon petit ami que j'avais raison et qu'il devait sortir définitivement de l'islam.

D'ailleurs, mes préjugés me faisaient même craindre une agression, pensant que c'était un endroit dangereux. Finalement, je me suis sentie ridicule d'avoir pensé cela et j'ai été surprise par l'accueil chaleureux, empreint de sourires et de paix qu'ils m'ont réservé. C'était un bon moment. En revanche, on m'a expliqué que l'homme avec lequel je sortais ne pouvait pas m'épouser en raison de mon absence de croyance et cela constituait un grave péché pour lui. En rentrant de la mosquée, j'ai gardé ce secret pour que cela ne lui donne pas envie de rompre.

Progressivement, mes doutes se sont dissipés, et j'ai commencé à croire en Dieu. Même si je reconnaissais cette foi, je ne voulais pas devenir musulmane. Je me suis alors tournée vers le christianisme, mais la lecture de la Bible ne m'a pas séduite en raison de mes convictions féministes. Le statut de la femme qui semblait dépourvue de droits et le fait d'être jugée d'emblée comme étant une personne pécheresse (péché originel) ne me plaisaient guère. J'ai ensuite exploré le judaïsme, mais la complexité de la conversion et la difficulté de l'apprentissage de l'hébreu m'ont dissuadée. Attirée par la spiritualité bouddhiste que mon père avait adoptée, j'y ai également jeté un coup d'œil, mais cela ne m'a pas non plus convaincue.

Parallèlement à cela, j'avais une certaine sensibilité au monde des djinns*, engendrant un inconfort chez moi. Mon domicile paraissait être visité et mon fils et moi avions peur. Mon petit ami m'a appris à ne pas craindre ces entités, car elles se nourrissent de la peur, mais la situation devenait trop oppressante, j'ai donc déménagé et même changé de région. Mais dans ma nouvelle maison aussi, j'ai vécu des événements effrayants. Un jour, la trappe du grenier était inexplicablement ouverte. Le lendemain, je l'ai même vue s'ouvrir devant moi ! En pleurs, je suis allée chercher mon petit ami qui a décidé de prendre les choses en main. Il me demanda de préparer un récipient d'eau et le Coran pendant qu'il partait prendre sa douche. J'avais presque hâte car j'étais fervente de films d'horreur, j'imaginais des scènes extraordinaires mais au final, lorsqu'il s'est mis à lire le Coran, c'est moi qui ai ressenti quelque chose. J'étais très mal, en pleurs, avec la sensation de brûler. Il s'est avéré que j'étais victime d'un mal occulte.

Quand j'ai repris mes esprits, je me suis souvenue que quelque temps auparavant, j'avais demandé à Dieu de me montrer la vérité et la vraie religion. Ainsi, face à cette expérience inattendue, il était évident pour moi de me convertir à l'islam. Il me fallait une preuve, et je l'avais reçue. Lorsque j'ai annoncé mon choix à mon petit ami, il était surpris mais prêt à m'accompagner.

Nous ne savions pas que j'aurais pu prononcer la chahada* entre nous à ce moment-là. Nous sommes donc partis à la recherche de deux témoins musulmans, et j'ai enfin prononcé la chahada.

Mon petit ami, qui est maintenant mon mari, m'a déclaré qu'il ferait tout pour que je ne suive pas le même chemin que lui, c'est-à-dire qu'il m'aiderait à accomplir mes cinq prières quotidiennes afin que mon livre qui venait de s'ouvrir ne soit pas souillé comme le sien a pu l'être. Il m'a également donné le conseil de me préparer à toutes sortes d'épreuves. Mais au fond de moi, je savais que mon passé était déjà rempli d'épreuves difficiles, je n'avais pas peur, d'autant plus qu'à partir de ce moment, je les affronterai avec la foi, et cela change tout.

« Ne t'a-t-Il pas trouvé égaré?
Alors Il t'a guidé. »

Coran, sourate 93 : verset 7

RÉCIT N°17 : HÉLÈNE

Je m'appelle Hélène, j'ai 52 ans. Je n'ai jamais eu de religion. Cependant, il m'est déjà arrivé d'entendre l'appel à la prière dans des films, et à chaque fois, cela suscite en moi une grande émotion et des frissons. Tout au long de ma vie, j'ai toujours eu une attirance envers l'islam.

Il y a quelques mois, j'ai rencontré un homme qui deviendra bientôt mon mari. C'était enfin l'opportunité pour moi d'approfondir mes connaissances sur l'islam. Progressivement, j'ai exploré cette religion, comme si c'était une révélation, un appel direct de Dieu. Depuis lors, je me sens bien mieux. C'était aussi l'occasion pour mon futur mari de se rendre compte de l'importance de la foi qu'il avait négligée. En m'expliquant l'islam, sa foi s'est grandement améliorée, je pense qu'Allah, Glorifié soit-il, nous a envoyés l'un vers l'autre.

J'ai décidé de rencontrer un imam et je l'ai assailli de questions. À la fin de notre entretien, je lui ai demandé s'il pensait que j'étais prête. Il m'a répondu que si je me posais cette question c'est que j'étais bel et bien prête. Il m'a donc fait répéter la chahada* trois fois.

Ce moment a été merveilleux, transformant soudainement mon cœur en une légèreté, une renaissance intérieure.

La rencontre avec la communauté musulmane confirmait ce que j'avais toujours pensé des musulmans : ils sont bienveillants, chaleureux, plus que le reste de l'humanité. J'ai été accueillie comme une sœur, comme si j'avais toujours été musulmane. C'est comme si nous formions une véritable famille. Cette religion me comble de bonheur et de joie au quotidien, une expérience nouvelle et inédite pour moi.

Mon entourage a très bien réagi, respectant mon choix. Ils ressentent ma joie et mon épanouissement. Ma mère, par exemple, m'a simplement demandé si j'étais heureuse, je lui ai répondu que oui.

Depuis mon entrée dans l'islam, il m'arrive beaucoup de biens, de bénédictions. Mon cœur s'est comme élargi, je ressens un désir accru de faire le bien autour de moi, d'être attentive à la souffrance des autres. Je réalise que ma vie d'avant était plongée dans l'obscurité et que j'avais besoin de foi, mais je ne la trouvais pas. J'avais même sombré au point de vouloir mettre fin à ma vie, tant elle me semblait dénuée de sens. Alors la rencontre avec un homme qui portait le message de l'islam était un appel de Dieu, cela m'est apparu comme une évidence.

Aujourd'hui je suis enfin écoutée, aimée. Dieu nous aime. Je suis tellement honorée d'avoir été choisie. Malgré mes pathologies chroniques, de graves problèmes de santé qui me font souffrir physiquement au quotidien, j'accepte ma situation avec résilience. Je sais qu'Allah m'aide et me soutient, et je crois fermement que tout s'arrangera. Je ne me plains pas, et aujourd'hui, j'ai confiance en l'avenir.

Il est difficile de décrire toutes les émotions ressenties, mais j'aimerais surtout dire à toutes les personnes qui s'intéressent à l'islam : n'hésitez pas, c'est une source de bonheur. La religion n'impose pas de contrainte, elle crée une communion entre nous et Allah, Glorifié soit-il. Je ne comprends pas pourquoi, lorsqu'on me pose des questions sur ma nouvelle religion, elles tournent autour de supposées contraintes telles que le port du voile ou le jeûne du Ramadan, plutôt que de simplement me demander si cela me rend heureuse !

Je tiens à exprimer ma gratitude envers mon futur mari, qui me guide au quotidien dans cette belle religion, et à sa famille qui m'a acceptée comme leur fille. À ma famille aussi qui me soutient et m'aime et qui a accepté mon futur mari. J'ai eu deux précédents mariages et je n'ai jamais reçu cet amour, car aujourd'hui c'est un amour en Allah, Glorifié soit-il.

Je suis donc profondément heureuse. Je tiens également à remercier sincèrement la personne qui m'a proposé d'écrire ce témoignage. Cela me permet de m'exprimer et de prendre conscience de l'amour qui m'entoure et de tout le bonheur qui émane de ma nouvelle vie.

« Dis: « Il est Allah, Unique.
Allah, Le Seul à être imploré pour ce
que nous désirons.
Il n'a jamais engendré, n'a pas été
engendré non plus.
Et nul n'est égal à Lui. »

Coran, sourate 112

RÉCIT N°18 : ANDRÉ

Je m'appelle André et je me suis converti peu de temps après le Ramadan 2023/1444. J'ai choisi le nom de Aïssa. Voici mon histoire…

J'ai toujours fréquenté des amis musulmans, mais la prière n'était pas une pratique courante chez eux. Même lorsque j'étais en couple avec une musulmane qui ne priait pas, ainsi que sa famille, je me posais des questions sur l'islam.

J'ai toujours cru en Dieu mais je n'ai jamais cru en ce que véhiculait l'église romaine. Très jeune, j'ai lu le Coran mais je n'avais pas le courage à ce moment-là d'aller jusqu'au bout. Je ne savais pas qu'Allah pardonnait nos fautes dès que nous devenions musulmans, et je pensais que ma vie n'était pas compatible avec la piété.

Malgré tout, je pensais à me convertir depuis un certain temps. Durant le dernier Ramadan, j'ai décidé d'essayer de jeûner, bien que je n'aie observé que quelques jours, tandis que la personne avec qui je partageais ma vie avait jeûné tout le mois.

À la fin du Ramadan, je ressentais une grande colère envers moi-même, déçu de ne pas avoir fait davantage, de ne pas avoir été meilleur, tout simplement parce que j'avais parfois envie de fumer ou de boire une bière. Je ressentais également une honte profonde.

En réaction, j'ai intensifié mes recherches. J'ai commencé par apprendre les prières, me suis procuré un Coran, et lorsque je me suis senti prêt, je suis allé à la mosquée pour me convertir, sans en informer ma copine de l'époque. Je pressentais que cela ne lui plairait pas, bien que sa mère fréquentait la mosquée, ni elle ni son père ne pratiquaient vraiment, se limitant au Ramadan et célébrant même Noël, ce qui m'avait toujours dérangé. Elle prétendait que c'était pour les enfants de ses sœurs, mais c'est une autre histoire.

Pour être honnête, j'ai eu énormément de difficultés à accepter l'expiation de mes péchés. J'ai fait beaucoup de mal et je ne parvenais pas à croire qu'Allah pouvait me pardonner aussi facilement. Réciter la chahada* semblait trop simple pour obtenir son pardon. Je pense désormais que c'était moi qui refusais de me pardonner. J'ai commis beaucoup d'erreurs au fil des années. Peu de temps après ma séparation, j'ai commencé à discuter avec une fille du Maroc. Finalement, je suis allé la voir là-bas pour demander la main de sa fille à son père.

Avec le temps, j'ai réalisé qu'Allah m'a bel et bien pardonné, sinon il ne m'aurait pas offert ce cadeau. Ma vie a également changé, et je me sens mieux, même si ma situation a compliqué un peu les choses avec ma famille et mes collègues de travail.

Une fois converti, j'ai arrêté toutes mes anciennes habitudes aisément, alors que j'essayais en vain d'arrêter de fumer depuis longtemps. Je ne sais pas si ce sont des signes, mais j'ai toujours su que l'islam était la seule religion qui me semblait logique.

« Allâh ! Point de divinité à part Lui, le Vivant,
Celui qui subsiste par lui-même « Al-Qayyoûm ».
Ni somnolence ni sommeil ne Le saisissent.
A Lui appartient tout ce qui est dans les cieux
et sur la terre.
Qui peut intercéder auprès de Lui
sans Sa permission ?
Il connaît leur passé et leur futur.
Et, de Sa science, ils n'embrassent que ce qu'Il veut.
Son Trône « Kursî », déborde les cieux et la terre,
dont la garde ne Lui coûte aucune peine.
Et Il est le Très Haut, le Très Grand. »

Coran, sourate 2 : verset 255

RÉCIT N°19 : ANONYME

Je m'appelle A.... , j'ai 37 ans, je suis la maman de 3 enfants : 10 ans, 9 ans et 4 ans. Je suis mariée depuis 2011. Mon mari est d'origine maghrébine et de confession musulmane. C'est en commençant à le fréquenter lorsque j'avais 20 ans que je me suis intéressée à l'islam. Dans un premier temps, il s'agissait plutôt pour moi de comprendre ses convictions.

Je suis issue d'une famille chrétienne « classique » non pratiquante, 4 enfants à la maison, nous avons tous été baptisés, mes parents étaient mariés civilement et religieusement mais la religion ne tenait pas de place importante. Par exemple, nous fêtions noël sans connotation religieuse. Mon père, un militaire à la retraite, nous a fait voyager, ce qui a contribué à forger notre ouverture d'esprit.

Lorsque j'ai rencontré mon mari, je me suis intéressée à sa personne et j'ai découvert sa religion, l'islam. Ce fut une révélation. Ayant vécu une enfance parsemée d'épreuves, la découverte de la parole d'Allah à travers l'islam a répondu à de nombreuses questions que je portais en moi.

Le fait de savoir qu'il y avait dans tous les cas, une justice ici-bas ou dans l'au-delà, me rassurait énormément. En fait, je suis tombée amoureuse de cette religion. J'y ai trouvé un apaisement. J'ai donc commencé à me documenter, le Coran n'est pas venu en premier. J'ai appris à connaitre des sœurs de la mosquée de Preux à Nantes.

J'ai donc fini par me convertir dans l'ancienne petite mosquée de Malakoff. Comme je n'avais pas encore parlé de ce parcours à mes parents, je me suis convertie à « leur insu ». Je n'en avais pas parlé non plus à mon futur mari. C'était donc un acte purement personnel. Je me souviens qu'il y avait une autre sœur qui avait prononcé la chahada* ce jour-là, il me semble que c'était un vendredi. Je n'ai pas souhaité changer de prénom, je n'en éprouvais pas le besoin et surtout par respect pour le fait que mes parents me l'avaient donné.

Lorsque mon premier Ramadan est arrivé, j'habitais encore chez mes parents. J'attendais l'heure du maghreb* pour manger, mais mes parents dînaient plus tôt, alors je faisais semblant de dormir pour les éviter. Cela n'a pas duré longtemps, je leur ai donc annoncé, et finalement, ils ont bien accepté la nouvelle, regrettant même de ne pas avoir été mis au courant plus tôt. Mon père m'a dit que tant que j'étais heureuse, cela lui convenait, et ma mère était très déçue de ne pas avoir participé à ma conversion.

Petit à petit, mes frères et sœurs ont été mis au courant. Ma sœur ainée avait beaucoup de préjugés mais au fil des ans, elle a vu que j'étais apaisée. J'essayais de leur montrer l'islam d'une façon différente. Globalement, ma famille a bien accepté mon choix, même si un oncle a coupé le contact, ce qui, avec le recul, m'est égal.

J'ai donc terminé mes études d'infirmière à Paris, je me suis mariée et j'ai rencontré ma belle-famille. Je les aime beaucoup, nous nous entendons merveilleusement bien. Bien que nos cultures soient différentes, nous avons la même religion et cela facilite les choses.

Je continuais à découvrir la communauté musulmane, j'ai fait de belles rencontres avec des sœurs que j'aime fréquenter car elles ont les mêmes façons de penser que moi, mais je trouve également un équilibre en continuant à fréquenter mes amis non musulmans. Bien qu'ils connaissent un peu de choses sur mes choix, nous n'en parlons pas en profondeur... Ainsi, à mesure que le temps s'écoule, je perçois de plus en plus un écart qui se forme.

J'ai eu mes enfants, petit à petit les années passent et je ressens un renforcement de ma foi. Il y a évidemment des phases plus difficiles que d'autres mais je me retrouve toujours dans le cheminement que j'ai choisi.

Je remercie Allah de m'avoir mis sur cette voie, car seules ces paroles sont véridiques et mon amour pour Lui est unique. J'essaie autant que possible d'inculquer l'amour d'Allah à mes enfants, tout en continuant d'apprendre toujours plus.

« *Les Musulmans et Musulmanes,
croyants et croyantes, obéissants et obéissantes,
loyaux et loyales, endurants et endurantes,
craignants et craignantes, donneurs et donneuses
d'aumône, jeûnants et jeûnantes,
gardiens de leur chasteté et gardiennes,
invocateurs souvent d'Allah et invocatrices :
Allah a préparé pour eux un pardon et une
énorme récompense.* »

Coran, sourate 33 : verset 35

RÉCIT N°20 : MAGALIE

J'ai grandi dans une famille catholique, j'ai été baptisée bébé, j'ai suivi de nombreux cours de catéchisme, et j'ai reçu ma communion à l'âge de 10 ans. J'ai des souvenirs de ma mère invitant à plusieurs reprises des témoins de Jéhovah à la maison. Ils nous donnaient de magnifiques livres colorés avec pour titre « Comment avoir la vie éternelle ».

Dès mon jeune âge, je me suis passionnée pour Jésus au point de pleurer pour lui à cause de sa crucifixion. J'avais du mal à accepter que Dieu « le Père » ait permis cela. En grandissant, certaines choses me paraissaient confuses, notamment la trinité. Je me rappelle avoir demandé à ma mère : « Pour avoir une bonne note à mon contrôle, faut-il prier Dieu ou Jésus ? ». Ne sachant pas comment les différencier dans mes prières, j'ai décidé d'appeler Dieu « Dieu » et Jésus « Seigneur ». Ainsi, chacun savait à qui s'adressait ma prière.

Ma mère fréquentait régulièrement une petite chapelle pour prier et allumer un cierge pour Notre-Dame de Bon Secours. J'ai fini par apprendre cette prière par cœur, ainsi que celle adressée à Marie.

Cependant, au fil du temps, je me suis peu à peu éloignée de la religion car je me posais beaucoup de questions sans trouver de réponses dans la Bible. Malgré cela, j'ai conservé Dieu et Jésus dans mon cœur, continuant à prier régulièrement.

Les années ont passé et je suis devenue agnostique. J'avais toujours des croix à la maison et autour de mon cou, mais je n'y accordais plus une grande importance. Je rencontrais parfois des femmes voilées mais ma mère m'avait toujours dit « Ce sont des arabes et c'est dans leur culture de porter un foulard sur la tête ».

À l'âge de 41 ans, le père de mon fils a côtoyé un musulman, et j'ai rencontré sa femme Jessica, convertie à l'Islam. Nos échanges étaient apaisants, et j'ai commencé à lui poser des questions sur sa religion. J'ai reconnu de nombreux noms similaires à ceux que j'avais lus dans la Bible, tels que Moïse, Abraham, Josué, Marie, et bien sûr, Jésus. Le nom de Muhammad m'était familier, mais je ne le connaissais pas plus que ça. En apprenant qu'il n'y avait qu'un seul Dieu en Islam, Allah, et en écoutant les explications de Jessica, j'ai eu l'impression que des nœuds se démêlaient, et enfin, j'avais des réponses à mes questions. Jessica a compris mon attachement à Jésus et m'a offert le livre « Par amour pour Jésus, j'ai embrassé l'Islam » de Simon Alfredo Carabello.

En le lisant, toutes mes pensées sur Jésus étaient confirmées et bien-sûr, Jésus n'avait jamais été crucifié. Convaincue, j'ai continué mon cheminement comme si je marchais sur une route éclairée par des lampadaires au fur et à mesure de mon avancée. Jessica m'a ensuite offert le Coran. En lisant les premiers versets d'Al-Fatiha, j'ai eu l'impression d'ouvrir les yeux. Ma lecture d'Al-Baqara m'a particulièrement touchée, surtout le verset 7 : « Allah a scellé leurs cœurs et leurs oreilles ; et un voile épais leur couvre la vue ; et pour eux, il y aura un grand châtiment ». À ce moment-là, j'ai fondu en larmes, réalisant que c'était la vérité que je cherchais depuis si longtemps.

Nous étions en octobre 2014, et j'ai continué ma progression. J'ai contacté la mosquée de Saint-Nazaire, qui m'a mise en lien avec une sœur convertie, Chayma. Je lui suis reconnaissante de m'avoir accueillie et accompagnée dans mes premiers pas vers l'Islam, tout comme Jessica et toutes les sœurs de la mosquée.

Je me suis convertie le 6 février 2015, entourée des sœurs, dont une Syrienne qui m'a serré dans ses bras en pleurant. Ce moment a été très émouvant pour moi, et chaque fois que j'y repense, j'ai encore les larmes aux yeux, comme lorsque je vois une conversion. Quel bonheur, Al Hamdoullilah, de voir enfin toute la beauté de la création d'Allah et d'être en phase avec Lui.

« C'est à Allah qu'appartient la religion pure.
Tandis que ceux qui prennent des protecteurs en
dehors de Lui (disent): « Nous ne les adorons que
pour qu'ils nous rapprochent davantage d'Allah. »
En vérité, Allah jugera parmi eux sur ce en quoi
ils divergent. Allah ne guide pas celui qui est
menteur et grand ingrat.
Si Allah avait voulu S'attribuer un enfant,
Il aurait certes choisi ce qu'Il eût voulu parmi ce
qu'Il crée. Gloire à Lui ! C'est Lui Allah,
l'Unique, le Dominateur suprême. »

Coran, sourate 39 : versets 3 et 4

RÉCIT N°21 : SANDY

Je suis Sandy, née près de la ville de St Nazaire, je suis l'aînée d'une fratrie de 3 enfants. Lorsque j'avais environ deux ans, mon frère est né, porteur d'un handicap peu après sa naissance. Il s'agit probablement d'un vaccin mal accepté, ou non adapté, aggravant un trouble déjà présent qui s'est donc accentué. Cet enfant différent, a bouleversé un peu l'ordre des choses, à une époque où les familles étaient peu renseignées et accompagnées sur la question du handicap. Je pense que mes parents auraient pu être davantage guidés, épaulés.

Ma petite sœur est arrivée par la suite. Malgré nos différences de caractère et nos 6 ans d'écart, nous nous entendions bien, nous étions complices.

Au sein de ma famille, je considère que je suis celle qui accorde le plus d'importance à la spiritualité. Mon père se décrit comme athée, tandis que ma mère se déclare croyante. Ma famille est de tradition catholique, les temps forts religieux de l'année sont célébrés. Je me souviens que je me rendais parfois à l'église à vélo pour la messe du dimanche.

J'ai même décidé de suivre des cours de catéchèse pour préparer ma communion, ma confirmation et ma profession de foi. J'étais captivée par les histoires des grandes figures de la religion chrétienne, j'aimais découvrir des témoignages, des histoires sur les saints, la trinité et déjà je m'interrogeais sur ma foi. Je me souviens des magazines de ma grand-mère sur la chrétienté que j'empruntais : apparition de la Vierge à Pontmain, Bernadette Soubirous, Thérèse de Lisieux... Une histoire m'avait profondément marquée : celle du Roi Salomon. Deux femmes réclamaient justice sur la parenté d'un enfant. J'ai retrouvé cette histoire par la suite dans le Coran et cela m'a bouleversée.

J'avais un engouement pour la religion, une enfance heureuse, mais dans le fond, je rencontrais des difficultés à trouver ma place dans ce monde et peut-être au sein de ma propre famille malgré tout. Les relations humaines étaient souvent compliquées. J'ai essayé de m'éloigner de ma famille, jeune, à 17 ans. J'ai passé une année en pension près de Redon, et l'année suivante, j'ai pris un appartement avec une amie pour poursuivre mes études à Nantes. Je rentrais tous les week-ends chez mes parents. Puis, je suis restée définitivement à Nantes pour finir mes études. J'ai commencé ma nouvelle vie dans cette ville. La vie faisant, les relations ont mis en sourdine ma recherche spirituelle...

Mais Dieu a des plans et Ses plans sont magnifiques, ils réservent parfois des surprises et un événement extraordinaire allait me rapprocher de Lui une fois de plus.

À mes 23 ans, j'ai été retenue pour un poste d'aide éducatrice au lycée C. (dans un quartier sensible de Nantes). J'ai accepté le poste mais en m'y rendant, tout s'annonçait difficile : le recrutement en lui-même, l'accueil que me réservaient mes collègues et les missions étaient floues. C'était plutôt rédhibitoire, et j'hésitais à rester. J'avais deux collègues, également recrutées pour soutenir l'équipe éducative, et la communication avec l'une d'entre elles était très difficile ! Nous nous évitions ou nous ignorions mutuellement. Par la suite, elle a suivi une formation et a quitté son poste. Malgré tout, quelque chose me disait qu'il fallait que je reste, que je m'accroche malgré ces difficultés. De plus, l'éducation donnée par mes parents m'a toujours appris à ne jamais baisser les bras et à persévérer. Enfin, j'avais besoin d'un salaire à temps complet. Je décidai donc de rester à ce poste espérant mieux et je m'engageai parallèlement dans une formation en communication.

J'ai commencé cette mission d'accueil des jeunes lycéens pour les accompagner dans l'utilisation de l'outil informatique et multimédia. Peu à peu, j'ai tissé des liens avec ces élèves.

Dans ce lycée, il y avait de nombreux musulmans. Durant le Ramadan, j'ai découvert le jeûne qu'ils accomplissaient et cela m'intéressait beaucoup, j'en profitais pour leur poser des questions. Nous étions un peu avant les années 2000, (l'accès à internet était plus restreint et plus lent) je n'avais donc pas l'occasion d'effectuer des recherches fréquentes. J'appréciais vraiment l'échange avec ces jeunes et au fil des discussions je me suis rendu compte que leur pratique était cohérente et pleine de sens. Je cherchais des preuves, ils argumentaient et m'invitaient à rechercher par moi-même, j'étais piquée de curiosité ! Sur le plan personnel, je traversais une période difficile et j'avais besoin de me raccrocher à quelque chose. Je me suis fait des amis parmi ces élèves car l'écart d'âge n'était pas énorme. J'ai reçu plusieurs invitations durant le Ramadan et également durant les fêtes de l'Aïd, où l'on m'a même offert des livres ! Progressivement, cette religion m'attirait et j'ai voulu essayer de jeûner le mois du Ramadan suivant car je pensais que c'était un bien pour moi. J'étais très motivée et je m'y suis appliquée. Ce qui m'intéressait le plus, c'était la science et le fait de découvrir qu'à l'époque du prophète ﷺ, les femmes étaient très érudites. Cela m'intriguait beaucoup, alors finalement je pris la décision d'accéder à internet au lycée pour effectuer des recherches. Je pense que ma direction l'a su. D'autant plus qu'ils voyaient que j'étais très proches de mes élèves, j'étais dans leur ligne de mire…

Fin de l'été 2002, je n'avais plus envie d'aller travailler dans ce lycée. L'ambiance était pesante et ce poste, en dehors des relations amicales avec les élèves, n'était pas épanouissant. Je ne savais pas où j'allais, j'étais perdue et j'ai commencé à déprimer durant le mois de septembre. Je me suis confiée à ma maman. Elle me suggéra de demander un arrêt de travail à mon médecin pour que je vienne chez mes parents me reposer, qu'elle puisse s'occuper de moi. Elle essayait de me changer les idées mais j'étais dans un mal-être, je pleurais pour un rien, je ne trouvais pas de sens à ma vie. Une pensée était souvent présente « si tu te convertis tu vas déplaire à tes parents. Mais peut-être qu'il s'agit de la clé de ton bonheur ? ». Puis, je me disais que j'étais une adulte et que cela ne tenait qu'à moi de prendre cette décision. Je ne savais plus sur quel pied danser. Un jour en pleurant, j'annonçai à ma mère « est-ce que si je me convertis à l'islam, tu voudras toujours de moi ? ». Elle me répondit « oui, tu seras toujours ma fille ». Je pense qu'elle était touchée par mes larmes, alors elle a répondu quelque chose de simple, mais par la suite, nous avons quand même eu des tensions à ce sujet…

À mon retour à Nantes, j'envisageais de quitter mon emploi, mais je n'avais aucune alternative pour payer mes factures, me nourrir et me loger, je ne trouvais pas d'autre emploi ailleurs. Par ailleurs, j'avais de bons contacts avec des musulmans dans ce lycée. Je suis donc restée.

Une amie a perçu un jour mon souhait très fort de me convertir, elle a pris soin de me rappeler que l'islam n'était pas un jeu, mais un choix de vie. Elle m'a laissé le temps nécessaire, ce que j'ai grandement apprécié, car j'avais besoin de cela. Elle m'a mise en relation avec une femme plus âgée qui pouvait m'informer sur l'islam. Cette personne arabophone, m'a accueillie chez elle de manière chaleureuse avec du thé et des gâteaux, mais j'ai été surprise quand elle m'a demandé de faire mes ablutions et de prier avec elles en les imitant. Cela ne m'a pas du tout mise à l'aise, car je n'étais pas venue dans cet objectif, je souhaitais simplement en apprendre davantage. Malgré mes réticences, elle a insisté en me mettant la pression, affirmant que je risquais de mourir sans être devenue musulmane ! J'ai vécu cette pression comme une sorte d'entonnoir, et cette approche de ma conversion à l'islam ne correspondait pas du tout à mes attentes. De retour chez moi, j'étais déçue et remplie d'interrogations.

J'ai tout de même souhaité rencontrer d'autres femmes musulmanes, de préférence francophones pour faciliter la communication et privilégier une histoire commune. Accompagnée de mon amie proche, j'ai rencontré des sœurs d'une certaine mouvance, le courant est bien passé, elles étaient bienveillantes et j'avais besoin de ça.

En les écoutant témoigner de leur parcours, j'ai été touchée et c'est à ce moment-là que j'ai souhaité me convertir. Et j'ai prononcé avec cœur les mots de la Chahada*, la profession de foi musulmane en leur compagnie ce jour-là. Al hamdoulillah. C'était une belle expérience à ce moment, touchante, mais je me sentais très ignorante et je savais que j'avais du pain sur la planche, j'avais l'impression d'avoir une montagne à gravir ! Mais on me rassurait en me disant qu'il s'agissait d'une sorte de naissance, d'un redémarrage à zéro.

Je désirais élargir mes rencontres avec d'autres femmes musulmanes, et une jeune fille au lycée m'a suggéré de me mettre en relation avec une femme convertie à l'islam que connaissait sa sœur. J'ai pris contact avec elle, et elle m'a partagé son parcours et sa pratique de la foi. Elle a évoqué les diverses trajectoires des convertis, citant notamment le cas où le conjoint musulman qui s'écarte à un moment de sa vie, entame une relation, puis cherche à retrouver sa foi, entraînant ou non son partenaire dans l'islam. C'est ce qui lui était arrivé. En quête de personnes ayant vécu des expériences similaires pour m'y identifier, j'ai réalisé que chaque histoire est unique.

J'ai poursuivi mes rencontres avec de nombreuses personnes, rejoignant une association aux côtés de nombreuses musulmanes, créant ainsi des liens fraternels en Allah, un sentiment de sororité que je n'avais jamais ressenti auparavant.

La fameuse période de Noël est arrivée, et ma mère semblait avoir quelques regrets de ne pas m'avoir découragée dans mon cheminement. Elle craignait que je m'éloigne des traditions, de l'identité familiale et nationale en m'intéressant à une autre religion et une autre langue, de surcroît ! Mais dans l'islam, il est enseigné d'être extrêmement patient envers nos parents. Je me suis retrouvée avec deux modes de vie distincts, deux paradigmes, l'un éloigné de Dieu et l'autre axé sur la quête permanente de la satisfaction divine. Le cœur change, les connexions neuronales évoluent, marquant une constante évolution. Je sentais bien que le changement opérait, que ma foi s'alimentait grâce à Dieu.

Puis la question de l'union, du mariage s'est posée à moi, étayée par mes nouvelles relations et amies musulmanes. Ayant une préférence pour un frère converti comme moi, j'ai rencontré mon futur mari par le biais d'un intermédiaire, et nous avons pris la décision de nous unir. Nos familles étaient déconcertées par notre approche, différente de la leur : pas de concubinage avant le mariage, demande formelle de la main aux parents, rencontre interfamiliale, etc. Mes parents étaient donc assez surpris par mon choix, notre choix. Malgré tout, ils semblaient accepter la situation mais ils m'ont posé de nombreuses questions et exprimé leurs inquiétudes quant à la pertinence de mes choix. Avec le temps, les choses évoluent bien al hamdoulillah.

En juin 2003 nous nous sommes donc mariés et nous avons accueilli au fil des années, nos 3 enfants auxquels nous avons inculqué les valeurs de l'islam, l'amour d'Allah et de son prophète ﷺ. Nous avons tout fait pour semer cette petite graine de la foi dans leur cœur depuis qu'ils sont tout petits. Notre couple étonne car nous sommes tous les deux convertis mais pour moi, tout le mérite revient à Allah. Dans tous les cas, quand Allah veut quelque chose, Il le met dans notre cœur et nous laisse nous y préparer.

Mon prénom de convertie est Sajida puisque quand j'étais enfant, je faisais un rêve récurrent où j'étais dans une chambre fermée, sécurisée. À l'extérieur de cette chambre il y avait des avions de guerre, des bruits inquiétants, de l'insécurité. La seule chose qui me réconfortait et me sécurisait dans ce rêve c'était de me positionner en soujoud* ! Évidemment à l'époque je ne comprenais pas cette position, je la liais à la symbolique de l'insécurité, de ne pas prendre ses responsabilités... C'est bien après que j'ai compris ce que signifiait cette position adoptée dans mon rêve.

En parlant avec des sœurs elles m'ont confirmé la grandeur de ce rêve et même si je pensais ne pas mériter m'appeler Sajida elles m'ont encouragée à choisir ce nom et à faire en sorte de le mériter ! MachAllah !

Quelques années ont passé et notre premier enfant avait 4 ans quand on annonça à ma petite sœur un cancer. Cette nouvelle fut une tragédie pour toute la famille, mais était aussi un moyen de nous serrer les coudes, et d'être en lien privilégié avec ma sœur. Ses hospitalisations ponctuées de retours chez elle ou chez mes parents, me donnaient peu l'occasion d'être en tête-à-tête avec elle, de lui parler du sens de l'épreuve, du soutien indéniable de la foi, de sa connaissance de Dieu. Nous avons pu passer quelques moments ensemble qui ont nourri notre relation de sœurs. Beaucoup de personnes construisaient autour d'elle une sorte de cocon d'amour et de douceur, hélas, le temps et la place qui me restaient entre elle et moi n'étaient pas suffisants. Heureusement, ma foi m'a permis de trouver du réconfort en me tournant vers Allah. Lorsqu'elle est partie de ce monde, Allah a choisi que ce soit moi qui lui tienne la main. Malgré cela, j'ai des regrets car j'aurais aimé lui parler davantage de l'islam, et je n'ai pas apprécié leur façon de gérer la disparition d'un être cher, dépourvu de spiritualité. Mais il faut accepter et bien que cela soit difficile, surtout de faire le deuil de ma chère petite sœur, la douleur fut accompagnée d'un grand bonheur lorsque j'appris que j'étais enceinte à la même période. Un autre enfant, tant attendu !

Al hamdoulillah, toujours des miracles, des choses qui arrivent et d'autres qui partent...

Pour conclure, je voudrais partager une anecdote particulière. À l'époque où je travaillais au lycée C., dont j'ai parlé précédemment, j'avais une collègue du nom de C... . Après mon mariage, j'ai quitté ce travail et perdu tout contact avec elle. Cependant, quelque temps plus tard, j'ai appris qu'elle s'était convertie à l'islam. J'ai prié Allah pour qu'Il me permette de la rencontrer à nouveau, le moment venu. Un jour, alors que je voulais organiser un repas pour des sœurs célibataires pendant le Ramadan, j'ai contacté plusieurs personnes. L'une d'entre elles portait le même nom que mon ancienne collègue (ce n'était pas elle), mais je n'avais pas son numéro. J'ai demandé à une amie commune de me le donner, et quand je l'ai appelée, la personne au bout du fil a semblé comprendre la confusion et a ri. Il s'agissait en fait de mon ancienne collègue ! Elle m'a à son tour invitée à un repas. Quand elle a ouvert la porte et que je l'ai vue, une émotion immense m'a envahie, nous nous sommes serrées dans les bras, c'était une expérience magnifique. Aujourd'hui, elle est devenue une sœur de cœur très proche, m'apportant une aide précieuse dans différents aspects de ma vie. Cette histoire a une signification toute particulière pour moi, témoignant de la manière dont Allah ouvre les cœurs.

« *Mentionne, dans le Livre (le Coran), Maryam (Marie), quand elle se retira de sa famille en un lieu vers l'Orient.* »

Coran, sourate 19 : verset 16

RÉCIT N°22 : CHLOÉ

En 2004-2005, alors que j'avais 16-17 ans, au Québec, des événements liés aux « accommodements raisonnables » ont engendré des discussions sur l'islam, largement médiatisées. À cette époque, mes amis étaient pour la plupart d'entre eux d'origine arabe et par curiosité, j'ai voulu leur poser de multiples questions sur ce sujet. Cependant, ils me renvoyaient souvent vers leurs parents pour des réponses plus approfondies. C'est à ce moment-là que le père d'une de mes amies a joué un rôle crucial en m'offrant un exemplaire du Coran, affirmant qu'il répondrait à mes questions.

À l'âge de 18 ans, j'ai donc entrepris la lecture du Coran avec une pleine conscience de son aspect sacré, j'ai pris le temps nécessaire pour bien l'étudier. Ce processus m'a pris environ six mois, mais dès le deuxième chapitre, la sourate Al Baqarah, je ressentais déjà au plus profond de moi le désir de me convertir à l'islam. Même si je ne voulais pas le reconnaître, peut-être par appréhension.

Pendant cette période, j'avais des amies marocaines qui m'invitaient à passer les vacances d'été au Maroc. J'ai accepté cette invitation et suis restée dans ce pays durant deux mois, une expérience qui s'est avérée être le plus beau voyage de ma vie.

Quelques semaines après mon retour, j'ai pris la décision de me convertir à l'islam, chez moi, dans ma chambre. Par la suite, j'étais vraiment dans une phase intense de recherches et d'efforts, que je qualifierais volontiers du « syndrome du nouveau converti », une immersion totale dans ma nouvelle foi.

En ce qui concerne ma mère, l'expérience a été positive puisqu'elle a vu que mon comportement avait changé, en mieux !
Elle prenait même ma défense quand mes proches étaient contre moi.

Plus tard, en 2008, j'ai épousé un homme égyptien. Cependant, après 15 ans de mariage, je ne pouvais plus supporter qu'il ne prenne pas soin de ma foi. J'ai donc pris la décision difficile de divorcer. Aujourd'hui, cette décision représente la deuxième plus belle de ma vie, après ma chahada*.

Je vis désormais une épanouissante relation avec ma foi, et je m'apprête à me marier à nouveau, cette fois avec un homme marocain, in cha Allah*. J'ai toujours eu une profonde affection pour la culture marocaine et le Maroc occupe une place spéciale dans mon cœur.

« Ô hommes! Nous vous avons créés
d'un mâle et d'une femelle,
et Nous avons fait de vous des nations
et des tribus,
pour que vous vous entre-connaissiez. Le
plus noble d'entre vous, auprès d'Allah,
est le plus pieux.
Allah est certes Omniscient et
Grand-Connaisseur »

Coran, sourate 49 : verset 13

RÉCIT N°23 : AÏSHA

Je m'appelle Aïsha. Je souhaite partager mon expérience de conversion à l'Islam. Tout a débuté l'année dernière, période où j'ai commencé à avoir un entourage musulman malgré le fait que j'étais très différente d'eux. J'étais quotidiennement dans le péché et je ne me rendais pas compte que ce que je faisais était mal.

Un jour, suite à des conflits avec mon compagnon, je me suis rendu compte de mes mauvaises actions. J'ai commencé à me remettre en question et à chercher à me repentir.

Étant chrétienne lorsque j'étais enfant, je me suis instinctivement tournée vers cette religion. Mais je ne m'y sentais pas à ma place. Je trouvais qu'il y avait des divergences entre ce qui était écrit et la manière dont les croyants agissaient. Notamment le fait que ce qui était écrit ne nous concernait pas mais était destiné aux générations passées. Je n'étais pas d'accord avec cela.

J'ai donc commencé à faire mes propres recherches. J'ai découvert que tout était écrit dans le Qur'An* : ce qui pouvait y avoir dans les Livres précédents mais sans modification ni altération concernant la période où ces lois sont valables.

Après mûre réflexion, j'ai décidé de me convertir à l'Islam en janvier 2023. Al Hamdoulillah ce fut un véritable changement dans ma vie.

J'ai mis du temps à l'annoncer à ma famille, car j'avais l'appréhension que ma mère ne l'accepterait pas. Malheureusement, mes craintes se sont confirmées, ma mère a mal pris ma décision. Pour elle, j'étais devenue une Djihadiste. Elle a trouvé que j'avais appris trop vite et a été choquée que je porte le voile et que mon comportement s'adaptait peu à peu à cette religion. J'ai tenté de discuter avec elle à plusieurs reprises pour qu'elle puisse me comprendre, ce fut un échec total. Elle a continué dans ses idées et pire, m'a demandé de retirer mon voile chez elle alors que beaucoup d'hommes y entrent et sortent. Elle m'a également demandé de ne pas le porter au travail. Malgré tout, je suis restée ferme et lui ai fait comprendre que pour rien au monde je ne retirerai mon voile, même pour travailler et assumer mes besoins. Allah est Celui qui subvient à nos besoins, je ne suis donc pas très inquiète face à cette « difficulté ».

Petit à petit, je me suis affermie dans la religion, Al hamdoulillah, en faisant face aux épreuves qui se sont succédé. Évidemment, en tant que jeune convertie, j'avais des mauvaises habitudes et je commettais des péchés. Cependant, au fil du temps, j'ai renforcé ma foi peu à peu dans la religion. Aujourd'hui je suis musulmane et j'en suis fière. J'ai pu trouver un entourage sain qui m'aide dans notre religion. Et in cha Allah* je continuerai d'évoluer.

« O vous qui avez cru! Repentez- vous à Allah d' un repentir sincère. Il se peut que votre Seigneur vous efface vos fautes et qu' Il vous fasse entrer dans des Jardins sous lesquels coulent les ruisseaux,
le jour où Allah épargnera l' ignominie au Prophète et à ceux qui croient avec lui. Leur lumière courra devant eux et à leur droite; ils diront: « Seigneur, parfais- nous notre lumière et pardonne- nous. Car Tu es Omnipotent.»

Coran, sourate 66 : verset 8

RÉCIT N°24 : ANONYME

Je n'ai jamais été à l'aise avec le fait de raconter mon cheminement. En fait, je crois n'avoir jamais répondu de manière satisfaisante à la question « Qu'est-ce qui t'a poussé à embrasser l'islam ? » ; je la redoute généralement et, lorsqu'elle ne m'est pas posée par une personne qui m'est véritablement proche, quand elle n'est que l'objet d'une curiosité passagère (que je comprends), je me contente de l'esquiver ou de ne répondre que le minimum, à savoir le fait d'avoir, à un moment donné, fréquenté des musulmans et lu les livres qu'il fallait. Ce n'est, bien sûr, pas du mépris, loin de là, mais simplement une volonté d'épargner à mon interlocuteur les hésitations, les réflexions, le bafouillage qui me prend quand cette question m'est posée, à la mosquée après une prière en commun ou à la terrasse d'un café.

J'ai bel et bien fréquenté des musulmans, lu des livres et divers contenus à propos de l'islam, mais à une période où ma volonté d'embrasser cette religion était déjà ancrée en moi depuis plusieurs années. En fait, je n'ai jamais réussi à déterminer quand, pour la première fois, l'idée que l'islam est la seule foi véridique m'est apparue.

Des souvenirs me reviennent par bribes, des souvenirs de plus en plus lointains, jusqu'à mon enfance, où déjà l'islam m'attirait étrangement, provoquait en moi une fascination. C'était pour moi quelque chose de fort, mystique, ne devant en aucun cas être pris en dérision. C'était la philosophie de peuples dignes, mais trop éloignés de mon environnement géographique et social pour que j'en bénéficie.

Je sais toutefois quand j'ai réalisé que je voulais devenir musulman, lorsque j'avais 16 ans, en regardant les vidéos d'un célèbre prédicateur français (Rachid Abou Houdeyfa). Les exhortations de vie qu'il donnait, l'attitude que devait adopter le musulman dans chaque situation, ces enseignements tirés du Coran et de la Sunnah* me transperçaient, jamais je n'avais été confronté à une vision du monde si pure, une hygiène de vie si saine, un projet sérieux, ne lésant pas la vie d'ici-bas pour celle de l'au-delà et vice versa. Le mode de vie du musulman, épargné de tout ce qui pourrait altérer sa raison et son jugement, la justice de sa loi, la sérénité qu'elle procure, décrit par cet homme à la tenue blanche, qui portait un shemagh* et une barbe inspirant la piété ; c'est cette perspective qui m'a convaincu ce jour-là que je voulais adhérer à cette communauté.

Mais l'islam était déjà pour moi, et depuis longtemps, sans aucun doute une religion honorable, de pudeur, une voie de réussite qui donne à chaque personne, chaque animal et chaque objet la place qui lui revient ; une religion de rebelles contre un monde dirigé par l'injustice. Mais elle me paraissait inaccessible du fin fond de mon petit village du centre de la France, à 40 minutes de la « grande ville » la plus proche.

Je me souviens de l'immense sentiment de culpabilité quand, adolescent, j'entendais que le lendemain serait le premier jour du mois de Ramadan, alors qu'au même instant je consommais une substance illicite. Je me souviens des moments dans ma chambre après le collège, en regardant des vidéos YouTube sur la Palestine ou contre la politique américaine, des sketchs de Dieudonné ou des discours d'Hugo Chavez. L'algorithme glissait parfois des vidéos de rappels islamiques en suggestion, avec un cheikh arabe à la longue barbe blanche. J'étais attiré et curieux d'écouter ce que cet homme qui paraissait si sage disait. Mais je n'osais pas, et je me souviens m'être dit que c'était trop tôt. J'avais peut-être 13 ou 14 ans, mais il me semble que je savais déjà que j'étais destiné à embrasser l'islam.

Je me rappelle également ma tristesse quand, enfant, en repas de famille, l'oncle alcoolisé blasphémait Jésus ou la religion en général ; et du dégoût ressenti quand mes parents regardaient les Guignols de l'info et qu'on s'y moquait de l'islam ou du voile des femmes musulmanes. Famille de gauche, les propos de mon père, m'expliquant, encore enfant, que les Américains avaient détruit l'Irak pour le pétrole, son mépris de la classe politique peu soucieuse du sort des pauvres gens m'ont profondément marqué, m'ont très tôt fait comprendre l'ampleur de l'injustice d'un système amoral, dirigé par la seule volonté de capitaliser des richesses. L'attitude de ma mère, toujours bienveillante, capable en un regard de comprendre que l'on est triste, attentive à ce que chacun soit rassuré et à son aise, m'a également été transmise. Je leur en suis reconnaissant pour ça, et j'espère du fond du cœur qu'ils soient eux aussi guidés vers l'islam.

Quelques lectures, notamment historiques, lorsque à mes 18 ans, une soif de savoir s'empara de moi, m'ont aussi, effectivement, poussé à passer le pas. Je pense à une biographie de Saladin*, Salah ad din al Ayyoubi, de l'historienne Anne-Marie Eddé. Une lecture qui m'a transporté, m'a fait comprendre, alors que j'étais déjà convaincu de la véracité du dogme islamique, que je devais appartenir à sa communauté, que je ne pouvais plus vivre en dehors de celle-ci. Mon intérêt pour l'histoire existe depuis mon enfance, comme celui pour l'islam ; les deux ont grandi, liés l'un à l'autre. Et puis, la rencontre d'un ami avec qui j'allais prononcer la chahada* plus tard, qui aujourd'hui étudie la Science-Politique dans une célèbre école parisienne, est également notable.

Kurde musulman devenu athée, perdu comme moi, nous allions, après de longs mois à discuter histoire, société et religion, cheminer ensemble vers l'islam. Il fut le premier à passer le pas et renouer avec cette religion avant que je le suive, âgé alors de 21 ans, bien des années après avoir su que je désirais être musulman. J'avais alors quitté mon centre de la France natale pour m'installer à Saint-Nazaire, où j'allais travailler au chantier naval. La distance avec ma famille allait me permettre de faire mes premiers pas en islam avec une certaine tranquillité.

Pour résumer, il me semble que mon rapport à l'islam est celui de l'homme avec sa fitrah*, terme désignant cet état de nature saine inclinant l'homme à la bienfaisance et au monothéisme, enfoui en chaque être humain à sa naissance et corrompu ensuite par l'éducation que lui donnent ses parents. Un cri résonnait en moi, une attirance irrésistible pour cette religion m'habitait dès l'enfance, alors que je ne connaissais aucun de ses adhérents. L'étude de la croyance, de la révélation du Coran n'ont été que des confirmations, des vérités évidentes que j'apprenais naturellement. La Sunnah*, souvent attaquée, la solidité de sa transmission, des liens entre chaque rapporteur, m'ont enseigné l'humilité, car à l'échelle de l'humanité, rares sont les travaux réalisés avec un tel scrupule, une telle minutie.

Quelques années après, je suis marié, ma famille, après des heures de craintes et d'incompréhension, accepte mon choix et constate qu'il a été pour moi une source d'épanouissement, et je tâche d'en présenter la meilleure image possible, afin que, comme moi, le mode de vie du sunni* et la morale enseignée par Allah finisse par charmer mon entourage.

« *Ceux à qui Nous avons donné le Livre, le reconnaissent comme ils reconnaissent leurs enfants. Or une partie d'entre eux cache la vérité, alors qu'ils la savent !* »

Coran, sourate 2 : verset 146

RÉCIT N°25 : ANONYME

J'ai 39 ans, je suis d'origine franco-luxembourgeoise et je n'ai qu'un petit frère. Ma jeunesse fût plutôt tranquille, il ne s'est rien passé d'incroyable. Ma nature morale consiste à remettre tout en question, particulièrement ce que je croyais savoir, chaque fois que je suis confronté à des idées contradictoires vis-à-vis de mes opinions. En parallèle, je suis d'une nature plutôt influençable.

Mes parents sont plutôt tolérants et rejettent fermement le racisme, ce qui a influencé ma moralité. Les principes de mon père et de mon grand-père me semblent justes, même si je trouve que mon grand-père peut parfois être strict. Cependant, je considère cela comme excusable, sachant qu'il a vécu la guerre et a survécu en faisant le choix d'être résistant. D'ailleurs, il ressentait une colère intense dès qu'il voyait Jean-Marie Le Pen. Il est certain que je n'ai pas cultivé de sentiments haineux envers la différence, quelle qu'elle soit.

En ce qui concerne la religion, j'ai évolué dans un contexte non religieux, étant donné que ma famille était totalement athée.

Certains de mes cousins et cousines se revendiquaient comme chrétiens mais ils ne montraient pas de véritable pratique religieuse. Mon grand-père maternel, un luxembourgeois pur-souche, était le seul à attacher de l'importance à la messe du dimanche, à laquelle nous étions conviés lors de nos visites dans son village au Luxembourg. Quoi qu'il en soit, la religion et la foi n'étaient pas des sujets dont j'entendais fréquemment parler. Quant à la religion musulmane, elle me semblait presque étrangère.

Pendant la première période de ma jeunesse, la majorité de mes amis étaient blancs et issus de milieux plus aisés que le mien. Même si ma famille n'était pas toujours dans une situation financière confortable, je pratiquais un sport collectif, le hockey sur glace. Mon père travaillait beaucoup et ne vivait plus avec nous. Je le voyais uniquement durant les weekends et les vacances.

Plus tard, au lycée, mes fréquentations ont changé et les blancs ont été remplacés par des noirs, mais, pour la plupart, de confession chrétienne. Mon ami sénégalais, par exemple, ne pratiquait pas la religion et n'en parlait pas. De même, quelques maghrébins que je connaissais avaient une pratique religieuse plutôt inexistante.

Entre l'âge de 20 et 27 ans, je n'avais pas de véritables liens avec la communauté musulmane. C'est en région parisienne que j'ai découvert une palette plus étendue de diversités parmi les musulmans. Il y avait les noirs nés dans des familles musulmanes, qui se démarquaient de ce que je connaissais. Il y avait aussi les maghrébins juste pratiquants ou pratiquement musulmans. Je me souviens aussi d'un groupe que je ne comprenais pas : les « frères de la sunnah », que je préférais éviter, tout comme le faisaient mes amis. Je les percevais comme des individus moralisateurs envers ceux qui n'avaient pas nécessairement tort, des personnes agaçantes qui ne parlent que de Dieu... J'avais aussi du mal à comprendre les femmes qui portaient le hijab* mais je ne les jugeais pas.

Peu à peu, je me posais des questions, je me demandais s'il n'y avait pas un créateur. La spiritualité m'inspirait, je voyais la sagesse des musulmans dans des reportages mais... je n'étais pas issu de cette communauté. J'ai entrepris des recherches dans la spiritualité chrétienne, mais en résumé, je n'ai rien trouvé. De plus, le pasteur évangéliste me semblait être un escroc, ne m'inspirant pas confiance. Certains de ses fidèles, qui se faisaient exorciser en direct, me donnaient l'impression d'être des fous cherchant simplement à attirer l'attention.

Il y avait un ami à moi d'origine malienne dont je préfère ne pas citer le nom, qui avait fait l'école d'imamat dans sa jeunesse. À cette époque il travaillait dans la sécurité d'un magasin Carrefour qui se situait face au magasin où je travaillais. Il venait souvent me voir pour « taper la discute ». Je savais qu'il était musulman mais il n'en faisait pas forcément référence. Notre relation s'est intensifiée, et il a progressivement partagé de plus en plus ses valeurs religieuses avec moi. Un jour, il m'a invité à rester chez lui pendant le Ramadan. Il avait un colocataire dépendant à la résine mais qui ne fumait pas durant cette période, il s'accrochait à une bonne pratique et respectait ce mois important. Ensemble, ils évoquaient le Prophète ﷺ, et bien que je comprenais peu, j'appréciais les principes, le partage et surtout, j'ai vu leur façon de faire la prière et cela a suscité en moi l'envie de poser mon front au sol.

J'ai choisi l'islam officiellement quelques mois plus tard.

Après ma conversion, je n'étais pas un vrai pratiquant. J'étais pratiquement musulman : je m'y intéressais, puis je délaissais les obligations, je les reprenais, mais j'aimais toujours les soirées, et je n'étais pas encore détaché de mes mauvaises habitudes. Ma connaissance de l'islam se limitait à ce que je pensais être juste. Je faisais le Ramadan, mais parfois je le subissais plus que je ne l'aimais, surtout en août lorsque les températures atteignaient parfois 35 °C et que les journées de jeûne duraient 16 heures. De plus, je travaillais dans la manutention. En réalité, je « saupoudrais » ma vie de religion.

Sans entrer dans les détails, j'ai décidé de demander la main d'une femme musulmane. Le mariage m'a apporté un certain apaisement et m'a incité à abandonner des pratiques interdites, répréhensibles ou menant à l'interdit. Il s'agit de pratiques de ma vie antérieure à ma conversion à l'islam, que j'appréciais, mais dont j'ai peu à peu compris les conséquences négatives qui en découlaient.

Ensuite, j'ai commencé à apprendre ma religion, malgré des erreurs, de la précipitation et une langue trop rapide. J'ai tracé mon chemin dans le but de comprendre ce qu'Allah exigeait de moi. Le Tawheed* a pris forme dans mon cœur. Ma femme, plus posée et bien plus raisonnée que moi, m'a inspiré par la solidité de ses principes. Cela m'a poussé à essayer de m'améliorer en termes de comportement.

Comme le bon comportement est l'une des bases de l'islam, je me suis intéressé à celui du Prophète Muhammad ibn Abdallah ibn Abd Al Mutalib ﷺ, et il a pris de plus en plus de place dans mon raisonnement religieux.

Aujourd'hui, je préfère « saupoudrer » la religion d'un peu de la vie. J'aime la foi, j'essaye de la travailler, j'apprends régulièrement un peu de l'immense science religieuse qui couvre de nombreuses matières. J'aime lire le Coran et le réciter. La foi m'aide dans la vie : suivre les enseignements du Coran et des hadiths me facilitent à affronter les épreuves.

J'ai eu la chance, par la grâce d'Allah, de faire la Omra* et de rejoindre mon ami « le malien » précédemment cité. Cet acte religieux a approfondi un peu plus mon amour pour l'islam.

Mon emploi actuel me permet d'accomplir mes devoirs religieux, et si cela devenait impossible demain, je le quitterais.

Nous essayons de donner une belle image même si nous pouvons être incompris parfois. En effet, nos proches ne comprennent pas toujours nos choix de vie qui sont parfois en opposition avec les leurs ; mais il faut patienter et essayer de leur donner le meilleur côté de nous-même, celui qui est véritablement musulman. Nous commettons des erreurs et en commettrons encore beaucoup, des péchés dus à notre faiblesse, mais nous apprenons progressivement les valeurs telles que la foi, la patience, l'humilité, la crainte, l'espoir, et la confiance en Allah...

Qu'Allah nous guide et vous guide.

« Dirige tout ton être vers la religion exclusivement [pour Allah], telle est la nature qu'Allah a originellement donnée aux hommes – pas de changement à la création d'Allah -. Voilà la religion de droiture ; mais la plupart des gens ne savent pas »

Coran, sourate 30 : verset 30

RÉCIT N°26 : ANONYME

Je suis née à Denain, dans le département 59, dans les années 50. Bien que j'aie été élevée dans la foi catholique, avec un baptême et une première communion, je ne ressentais pas une grande affinité pour l'église. Ma famille n'y allait que pour des événements particuliers tels que les mariages et les enterrements.

J'ai perdu mon père à l'âge de 11 ans et ma mère vers mes 40 ans. Dans ma jeunesse, j'ai rencontré mon mari, qui m'a initiée à la foi protestante transmise par sa grand-mère. J'ai trouvé cette croyance chaleureuse et j'ai développé des liens forts avec la communauté protestante. À l'âge de 27 ans, le pasteur de Rouen, qui avait épaulé mon mari dans sa jeunesse compliquée, m'a baptisée à nouveau : je fus immergée entièrement dans l'eau.

Ma vie conjugale n'était pas facile, marquée par la violence de mon mari. Je devais souvent fuir avec ma fille, et nous trouvions refuge auprès des frères et sœurs protestantes. La prière, les invocations ne me quittaient pas, surtout la nuit, et j'ai toujours placé ma confiance en Dieu.

Mon mari était entrepreneur dans divers domaines, et il employait plus d'une centaine de travailleurs, notamment algériens, marocains et tunisiens (soudeurs et tuyauteurs). Cette proximité m'a permis de comprendre un peu mieux leur mode de vie, leurs croyances.

Au fil des ans, nous avons déménagé dans différentes villes, jusqu'à ce que nous arrivions à St Nazaire vers mes 50 ans, en 2000. J'ai rejoint une nouvelle église protestante, mais l'ambiance ne ressemblait en rien à celle des églises du nord. Des difficultés conjugales se sont aggravées, avec des événements éprouvants tels que la rencontre de mon mari avec sa maîtresse dans cette église, et même des violences de celui-ci envers le pasteur. Les fidèles, au lieu de me soutenir, se sont éloignés de moi, probablement à cause du comportement de mon mari. J'ai pris alors la décision de ne plus m'y rendre, mais je ne cessais pas de prier Dieu.

Une bonne amie brésilienne rencontrée à cette époque avait invité un pasteur du Brésil, et je garde d'excellents souvenirs de ses enseignements. J'ai eu le plaisir de les accueillir chez moi. J'aimais rencontrer les gens de foi, j'ai d'ailleurs exploré diverses branches du protestantisme, allant même jusqu'à fréquenter une église gitane.

Les difficultés se sont accentuées lorsque mon mari s'est rendu coupable de détournement de fonds, contraignant les prud'hommes à me solliciter pour prendre en charge partiellement ses affaires. En tant qu'épouse et donc solidaire de ses dettes, je me suis retroussé les manches et j'ai dû occuper en même temps plusieurs emplois de ménage pour assurer ma subsistance et rembourser ce qui nous était demandé. Finalement, mon mari a quitté la France pour l'île de la Réunion avec sa maîtresse, me laissant dans une situation financière précaire.

Dans chaque épreuve se trouve un bienfait, car au travail, j'ai rencontré Khadija, une coiffeuse d'origine marocaine devenue ma confidente. Elle m'invitait chez elle pour me coiffer, je la voyais prier et elle me parlait de l'islam.

À cette même période, j'ai décidé de me rendre à la Réunion pour que mon enfant voie son père. Sur place, j'ai entendu l'adhan*. J'ai été bouleversée. J'en ai encore des frissons d'y penser. C'était merveilleux. À mon retour de France, j'en ai parlé à Khadija, qui m'a expliqué encore plus de choses.

Un jour à table, il y avait un ami à elle égyptien, et c'est par lui que j'ai vraiment connu l'islam. J'y ai beaucoup réfléchi, pour moi tout s'enchaînait, et quelques semaines après, je me suis convertie (février 2010).

J'ai appris seule à faire la prière, mais j'ai ressenti le besoin de découvrir la mosquée, tout comme je fréquentais les églises par le passé. Malgré l'accueil parfois strict des femmes plus âgées, qui me demandaient par exemple de retirer mon vernis, j'ai fait d'agréables rencontres, notamment avec l'imam et sa femme. Ils me conviaient chez eux, l'ambiance y était très chaleureuse. Malheureusement, ils ont dû repartir au Liban. Progressivement, j'ai tissé des liens avec de nombreuses sœurs qui m'ont apporté leur soutien. J'ai participé à de nombreux événements organisés par la mosquée. Des moments de fraternité, de joie, de piété qui resteront gravés dans ma mémoire.

J'ai toujours gardé contact avec certains de mes meilleurs amis rencontrés avant l'islam. Quelquefois, les deux mondes se rencontrent lors de goûters amicaux. Ma vie est devenue paix et sérénité.

« Dis: « Je cherche protection auprès du
Seigneur des hommes.
Le Souverain des hommes,
Dieu des hommes,
contre le mal du mauvais conseiller,
furtif, qui souffle le mal dans les poitrines
des hommes,
qu'il (le conseiller) soit un djinn,
ou un être humain. »

Coran, sourate 114

RÉCIT N°27 : CHLOÉ

Voici mon récit : ma mère provient d'une famille chrétienne non pratiquante, tandis que mon père a des origines juives. Dès le départ, ils m'ont laissé le choix de choisir ma propre religion, une liberté qui a joué un rôle crucial dans mon parcours spirituel.

Petite, ma curiosité m'a poussée à vouloir comprendre comment tout avait été créé. Cependant, c'est à l'adolescence, lors de mes visites à l'église avec ma sœur et ma mère, que j'ai commencé à explorer la religion. Malheureusement, je ne m'y sentais pas à l'aise, peut-être en raison des souvenirs douloureux liés à mon parrain chrétien qui m'avait fait du mal pendant mon enfance, laissant en moi un sentiment de confusion.

Au lycée, mes trajets quotidiens en bus ont été le point de départ d'une nouvelle découverte. Une personne derrière moi avait une gestuelle étrange que je ne comprenais pas. Un jour, j'ai décidé de briser la glace et lui ai demandé ce qu'elle faisait.

Elle m'a expliqué qu'elle accomplissait sa prière en tant que musulmane. Intriguée, j'ai commencé à poser des questions, et c'est ainsi que j'ai commencé à en apprendre davantage sur l'islam.

Mon intérêt croissant m'a conduit à m'inscrire à des cours d'arabe, étant donné que le Coran était révélé dans cette langue. C'est là que j'ai rencontré F., une musulmane qui portait le voile. J'ai demandé à F. de m'expliquer plus en détail l'islam, et elle m'a conseillé de lire la traduction française du Coran. Ce que je fis, bien que cette traduction me semblât plutôt incompréhensible, sa lecture me procurait néanmoins un sentiment de réconfort. F. m'a également prêté le livre « Le Coran expliqué à mon enfant », ce qui a approfondi ma compréhension de cette foi.

Mon changement d'intérêt n'a pas échappé à ma mère, qui a voulu comprendre pourquoi je m'y intéressai soudainement. Lorsque je lui ai révélé mon désir de me convertir à l'islam, elle a accepté, mais a également exprimé son souhait de m'accompagner dans ce cheminement spirituel. Quelque temps plus tard, ma maman, F. et moi nous sommes rendues à la mosquée, où j'ai prononcé la chahada.

Durant ce moment significatif, j'ai ressenti comme si on m'arrachait le cœur pour en mettre un nouveau. Ma maman, avec une pointe d'humour, m'a dit que cette « naissance » ne lui avait pas causé de douleur, contrairement à la première. Émues de joie, nous avons toutes les deux versé des larmes, scellant ainsi ce nouveau chapitre de ma vie spirituelle.

« N'ont-ils pas vu les oiseaux au-dessus d'eux, déployant et repliant leurs ailes tour à tour ? Seul le Tout Miséricordieux les soutient. Car Il est sur toute chose, Clairvoyant. »

Coran, sourate 67 : verset 19

RÉCIT N°28 : ARNAUD

Petit garçon, j'avais l'habitude, du haut de notre appartement au 3ème étage, de contempler le ciel, principalement les nuages chargés de pluie. Pour moi, ils semblaient étonnamment lourds, se déplaçant avec grâce au gré du vent. Je me posais la question : comment est-ce possible ?

Né d'une famille chrétienne croyante mais non pratiquante, le sujet de la religion n'était pas abordé. Aujourd'hui, en discutant avec le savoir que j'ai acquis en islam par la volonté de Dieu, je me suis rendu compte que, comme beaucoup de chrétiens, ils n'ont pas de connaissance approfondie, c'est simplement un titre honorifique. J'étais donc né chrétien, j'allais à l'église uniquement pour des événements tels que les baptêmes, mariages et enterrements. C'est l'une des raisons qui m'a poussé à embrasser l'islam : le fait de ne pas vivre la religion de mes parents (SoubhanAllah*, gloire à Dieu).

À l'âge de 26 ans, j'avais acheté un appartement en rénovation situé à 100 mètres de la mosquée. Depuis ma fenêtre, je pouvais voir la mosquée.

Je proposais souvent à mes amis de monter pour boire un jus et visiter, parfois je descendais les rejoindre. Il me semble avoir demandé par curiosité, puis certainement par attirance, quelle était leur religion. Ils m'ont expliqué qu'ils n'adoraient qu'un seul Dieu, et ils ont mentionné Marie et Jésus (que la paix et le salut soient sur eux), sans citer le fait qu'il existait un chapitre du nom de Marie dans le Coran. Ils m'ont également expliqué que le prophète Muhammad ﷺ, avait dirigé la prière pendant le voyage nocturne à la mosquée Al Aqsa* avec tous les prophètes. J'avais trouvé cela formidable, qu'ils me racontent ces histoires. Il y avait quelque part, une jalousie en moi, de constater qu'ils avaient autant de connaissances. Ils allaient à la mosquée durant les prières quotidiennes mais surtout ils jeûnaient. J'étais impressionné de voir les jeunes de mon quartier qui avaient l'habitude de boire, fumer et s'insulter tout au long de l'année jusqu'aux dernières heures du mois de Chaabane*, la veille du commencement du mois de Ramadan. Ils cessaient leurs mauvaises habitudes du mieux qu'ils pouvaient. Je me disais que cela imposait le respect, qu'ils détenaient quelque chose que je voulais aussi : être MUSULMAN.

Un jour, j'ai invité mon meilleur ami avec sa compagne. En ma présence, elle lui a posé la question : « pourquoi vous ne buvez pas d'alcool ? ».

Mon ami a pris quelques secondes de réflexion et lui a répondu : « C'est l'histoire d'un homme qui entre dans un bar. On lui propose de la viande de porc, il répond : « Non, je suis musulman, je ne mange pas de porc. » Ensuite, on lui propose une femme de rue, il répond : « Non, je suis musulman, je ne peux pas. » Troisièmement, on lui propose de l'alcool, il accepte, et après cela, alcoolisé, il se met à consommer la viande de porc et à avoir une relation avec la femme de rue ». La morale de cette histoire nous démontre que l'alcool fait perdre la raison et pousse à faire ce que l'on ne voulait pas. J'ai trouvé que son histoire était véridique, pleine de bon sens. Je comprenais mieux pourquoi l'alcool était interdit en islam, moi qui ai fréquenté les boîtes de nuit et vu les gens de mon quartier chaque week-end dans des états déplorables (bagarres, accidents…).   Je me suis dit : « Wow, j'étais conscient que l'alcool n'était pas bon, mais une simple morale m'a rappelé la réalité ». C'est l'une des très grandes raisons qui m'a poussé à embrasser l'islam, voire, la première qui m'ait ouvert l'esprit.

Toujours avec le même ami d'enfance, nous étions en voiture une nuit d'hiver lorsqu'il m'a dit : « Mon père dit souvent cette phrase : La nuit est un rappel à la mort ». J'ai trouvé cette phrase magnifique en me disant que c'était complètement vrai. Combien de personnes sont mortes dans leur sommeil ?

Excepté les accidents, c'est généralement pendant le sommeil que les gens s'éteignent. Cette deuxième phrase, lourde de sens, m'a apporté une lumière et la confirmation (SoubhanAllah*, gloire à Dieu). Plus tard, en lisant la traduction en français du Coran, j'ai appris que Dieu récupère nos âmes durant le sommeil et nous les redonne, puis garde celle dont Il a décrété que c'est la fin : la mort.

Un ami d'enfance m'a suggéré de regarder les miracles du Coran sur YouTube. En termes de science, je suis resté ébahi. J'ai vu des exemples cités, tels que les montagnes avec leurs racines bien ancrées dans la terre pour éviter tout ébranlement, ainsi que le moustique, cité pour sa particularité d'être aveugle tout en étant capable de détecter la chaleur avec sa trompe qui anesthésie la peau de l'être humain. Plein d'exemples tels que les abeilles, la terre, les fleurs, l'embryon... La boucle était bouclée après cela ; j'étais convaincu à cent pour cent que j'allais me soumettre au Seigneur des mondes.

Ma décision était prise, je pleurais la nuit : « mais comment vais-je annoncer à mes parents ? ». En tant que chrétien c'était comme si je passais du PSG à l'OM !

Cette même nuit, un grigri africain que je portais autour de la hanche depuis plusieurs années est tombé. Je me suis dit qu'il s'agissait d'un signe d'Allah, c'était une confirmation : j'ai jeté ce grigri et j'ai décidé de vouer une soumission totale à Allah sans l'associer.

« Il y a certes un enseignement pour vous dans les bestiaux:
Nous vous abreuvons de ce qui est dans leurs ventres,
- [un produit] extrait du [mélange] des excréments [intestinaux] et du sang
- un lait pur, délicieux pour les buveurs. »

Coran, sourate 16 : verset 66

COMMENT DEVENIR MUSULMAN(E)

Comme vous avez pu le découvrir tout au long de ces témoignages, la conversion à l'islam est un processus personnel et spirituel. Chaque parcours est différent mais voici quelques étapes que l'on peut suivre pour devenir musulman(e) :

1. Apprendre sur l'islam :
S'informer sur les principes fondamentaux de l'islam, ses croyances, ses pratiques et son histoire. Il existe de nombreuses ressources en ligne, des livres et des communautés qui peuvent fournir des informations utiles.

2. Rencontrer des musulmans :
Échanger avec des musulmans pour discuter de leur foi, poser des questions et partager des préoccupations.

3. Visiter une mosquée :
Se rendre dans une mosquée pour observer les rituels et rencontrer la communauté. Des membres de la mosquée se rendent disponibles pour aider les démarches de conversion.

4. Prendre contact avec un érudit/imam :

Consulter un érudit ou un imam de confiance pour discuter de la conversion à l'islam. Ils peuvent être un guide à travers les étapes de conversion et répondre à des questions.

5. Déclarer la foi (Chahada) :

La conversion à l'islam implique la déclaration de foi, connue sous le nom de Chahada. Cela consiste à attester en arabe ou dans sa langue maternelle : « Ach-hadou An-Laa Ilaha Illa-Allah wa Ach-hadou Anna Mouhammadan Rasoul-Allah » (J'atteste qu'il n'y a de divinité qu'Allah seul et sans associé, et j'atteste que Mohammed est Son Messager).

6. Apprendre à faire la prière :

Apprendre les prières quotidiennes (5 obligatoires) et les autres pratiques essentielles de l'islam. Les membres de la communauté et les ressources en ligne peuvent aider dans ce processus.

7. S'engager dans la communauté :

S'impliquer dans la communauté musulmane pour renforcer sa foi, établir des liens avec d'autres musulmans et apprendre davantage sur l'islam au quotidien.

8. Patience et persévérance :

La conversion est un processus continu. Il faut être patient avec soi-même et prendre le temps d'apprendre et de grandir dans sa foi.

Il est essentiel de noter que la conversion à l'islam est une décision personnelle, et il est impératif de la faire par conviction et compréhension, plutôt que par des pressions externes. En cas de doutes ou interrogations, il faut consulter des personnes de confiance dans la communauté musulmane ou rechercher des ressources supplémentaires.

LIVRES CITÉS

DANS LES RÉCITS

- **Coran**

- **Muhammad, vie du prophète,**
  Les enseignements spirituels et contemporains,
  De Tariq Ramadan

- **Diam's, autobiographie,**
  paru en septembre 2012 aux éditions Don Quichotte

- **Saladin,**
  de Anne-Marie Eddé, paru en octobre 2008

- **En finir avec les idées fausses sur l'islam**
  et les musulmans,
  d'Omero Marongiu-Perria paru en 2022

- **Le licite et l'illicite**
  de Youssef al-Qaradâwî

- **Comment faire la prière**
  Différentes éditions existent à petit prix

- **Par amour pour Jésus, j'ai embrassé l'Islam**
  de Simon Alfredo Carabello.

- **Le Coran expliqué à mon enfant**
  Plusieurs tomes qui expliquent les versets du Coran

MOT DE L'AUTEUR

Ces récits m'ont été communiqués soit par écrit, soit verbalement. Ils ne sont pas imaginaires mais issus d'expériences réelles.

Ils ont tous été validés par leur auteur avant publication.

Si vous souhaitez participer à la rédaction du prochain tome, vous pouvez me contacter par mail
well.combymarine@gmail.com

BarakAllahou fikoum

« *Par le Temps !*
L'homme est certes,
en perdition,
sauf ceux qui croient
et accomplissent les bonnes œuvres,
s'enjoignent mutuellement
la vérité et s'enjoignent mutuellement
l'endurance. »

Coran, sourate 103